Processamento de Polímeros: Plasticização em Extrusoras Monofuso

ANTÓNIO GASPAR-CUNHA

TÍTULO: Processamento de Polímeros: Plasticização em Extrusoras Monofuso

AUTOR: António Gaspar-Cunha

Copyright © 2015 António Gaspar Lopes da Cunha

http://www.dep.uminho.pt/agc/

ISBN: 978-1522804284
D.L.: 403030/15
1ª edição, Janeiro de 2016

Por vontade expressa do Autor este livro não respeita o Acordo Ortográfico de 1990.

Processamento de Polímeros: Plasticização em Extrusoras Monofuso

ANTÓNIO GASPAR-CUNHA

ÍNDICE

a quem
me acompanha nos desígnios
da vida, nos momentos
efémeros que edificam
o existir, nos ruidosos
silêncios que soam melódicos

1 INTRODUÇÃO

No processamento de polímeros uma das etapas mais importantes é a plasticização, a qual consiste na transformação da matéria-prima, inicialmente no estado sólido (na forma de grânulos ou pó), num fluído viscoso. Na indústria transformadora de plásticos praticamente todos os polímeros passam por um processo de plasticização, onde um ou mais parafusos forçam o material sólido a passar por zonas aquecidas de um cilindro onde funde [TAD 70, RAU 86, AGA 96, WHI 90, STE 95, TAD 06, GAS 09]. Este processo termomecânico ocorre na moldação por injecção, na moldação-sopro, na extrusão monofuso e de duplo-fuso e mesmo a matéria-prima (em forma de folha) usada na termoformação é fabricada usando uma extrusora.

Devido às características únicas dos polímeros, principalmente as suas propriedades térmicas, físicas e reológicas, o estudo do processo de plasticização não é trivial, sendo, por essa razão, necessário estudar a influência que as referidas propriedades poderão ter no desempenho do processo. Por outro lado, a geometria do sistema possui, também, um papel importante nesse mesmo desempenho, dado que, como é evidente, não será indiferente o uso uma extrusora monofuso, com ou sem parafusos barreira e/ou secções de mistura, ou uma extrusora de duplo-fuso, contra ou co-rotativa, ou, ainda, extrusoras multi-parafuso. Finalmente, é importante, também, mencionar que as condições de processamento definidas na máquina influenciam de uma forma decisiva o desempenho da plasticização [TAD 70, RAU 86, WHI 90].

Do acima referido, pode-se afirmar que o desempenho de um processo de plasticização depende de variáveis relacionadas com as propriedades dos polímeros, a geometria do sistema e as condições de processamento. Com o objectivo de desenvolver metodologias capazes de prever o comportamento

1

dos sistemas de plasticização de polímeros foram realizados estudos científicos, experimentais e teóricos, que permitiram relacionar as variáveis do processo com o seu desempenho, possibilitando, assim, o desenvolvimento de modelos matemáticos, posteriormente transformados em modelos computacionais, capazes de ajudar o Engenheiro de Polímeros a prever o comportamento dos sistemas [TAD 70, RAU 86, WHI 90, O'BR 92, GAS 09].

Pretende-se neste texto apresentar os modelos matemáticos desenvolvidos para o cálculo da previsão do desempenho de extrusoras monofuso (incluindo parafusos barreira, secções de mistura e cilindros com rasgos) em função das propriedades dos polímeros, da geometria do sistema e das condições operatórias. Pretende-se, também, que estas notas sirvam de apoio à disciplina de Processamento de Polímeros ministrada nos cursos de Engenharia de Polímeros e Materiais da Universidade do Minho.

Nesse sentido, nos próximos capítulos serão apresentados os conceitos básicos necessários para se entender o processo, as propriedades relevantes (e a forma como poderão ser quantificadas nos modelos apresentados), os modelos matemáticos desenvolvidos e a implementação em computador desses mesmos modelos. Na parte final de alguns capítulos serão propostos exercícios práticos.

2 PROCESSAMENTO DE POLÍMEROS

2.1 Generalidades

O processamento de polímeros envolve uma sequência de fases, sendo que o caminho para se chegar da matéria-prima (polímeros e aditivos) ao produto final não é único, depende do material, da técnica de processamento e do produto a ser fabricado. As etapas geralmente presentes neste processo são: a) preparação do material; b) processamento e c) operações de manufactura e acabamento [TAD 06].

Existem disponíveis várias técnicas que permitem a **preparação do material** para o seu processamento. Destas destacam-se: a incorporação e mistura de aditivos, a mistura de polímeros, a modificação de polímeros, a incorporação de reciclados e a homogeneização e granulação. Em grande parte dos casos e na prática industrial, a matéria-prima é adquirida já pronta a ser processada, não sendo, assim, necessária nenhuma etapa de preparação.

Após o material preparado será necessário fazer o seu transporte para a máquina de **processamento**, existindo várias tecnologias disponíveis para fazer a transformação da matéria-prima no produto pretendido. As mais relevantes são: extrusão, moldação por injecção, termoformação, moldação-sopro, moldação rotacional, calandragem e moldação por compressão e/ou transferência. A escolha da técnica a usar depende fundamentalmente das características pretendidas para o produto final. São essas características que determinam, na maior parte dos casos práticos, a escolha do polímero e da técnica de processamento.

Finalmente, por diversas razões, relacionadas principalmente com a técnica de processamento usada, poderá ser necessária uma etapa adicional

3

onde são executadas algumas **operações de manufactura e acabamento**. Por exemplo, no caso da moldação por injecção poderá ser necessário: separar gitos e cortar rebarbas e excessos de material. Noutros casos, o produto final só ficará completamente pronto após a realização de algumas operações, como sejam: soldadura, maquinagem, tratamento superficial, impressão e/ou pintura.

A Figura 1 mostra esquematicamente a sequência das etapas usualmente presentes e referidas anteriormente. Neste ponto é importante dizer que as etapas apresentadas constituem a prática actual da indústria de processamento em Portugal. Como é evidente, serão necessárias etapas adicionais que envolvem a produção dos próprios polímeros e aditivos. Estas tarefas são levadas a cabo por grandes empresas químicas que promovem a polimerização dos diferentes polímeros em grandes reactores químicos, as quais estão fora do âmbito destas notas.

Assim, existem diferentes possibilidades no que se refere às operações efectuadas no âmbito do processamento de polímeros: i) processamento pós-reactor, onde a partir dos monómeros e aditivos se produzem grânulos para os fabricantes finais; ii) composição de polímeros, em que são produzidos grânulos a partir do material virgem e aditivos; iii) extrusão reactiva, em que os polímeros base poderão ser modificados quimicamente sendo produzidos materiais para o fabricante final ou para os compositores; iv) mistura de polímeros, onde dois polímeros são compatibilizados com o objectivo de se obter misturas de polímeros com propriedades especiais; v) fabricantes de produtos em plástico, os quais com a matéria-prima de outros fornecedores produzem as peças finais [TAD 06].

Na Figura 1 mostram-se as etapas fundamentais de um fabricante de produtos finais. Como se pode observar na figura, existem vários caminhos que se podem percorrer. Pode-se entrar no sistema através da composição de polímeros com aditivos usando misturadores ou extrusoras de duplo-fuso. De seguida, a matéria-prima armazenada no exterior será transportada para as máquinas por sistemas de transporte de sólidos. Nas etapas seguintes ocorre a plasticização do plástico, ou seja, a sua transformação num fluído homogéneo.

A plasticização envolve (como se verá mais em detalhe à frente) o transporte de sólidos na tremonha e no parafuso, a fusão, a mistura e a bombagem do fundido. Durante este processo é criada a pressão necessária para que o polímero fundido seja capaz de atravessar a fieira, no caso da extrusão, ou os canais do molde, no caso da moldação por injecção. A última etapa fundamental consiste no arrefecimento do polímero depois de ter adquirido a sua forma final. No caso da extrusão existe um conjunto de equipamento, designado, por linha de extrusão, que permite a realização das tarefas necessárias para a produção da peça final. Enquanto no caso da moldação por injecção, a peça é arrefecida dentro da cavidade do molde, sendo o calor retirado por canais de arrefecimento onde circula água [TAD 70]. Como referido anteriormente, este texto será dedicado à plasticização no processo de extrusão monofuso.

Figura 1- Etapas no processamento de polímeros.

2.2 Extrusão

O termo extrusão identifica as técnicas de processamento de polímeros onde o polímero fundido é forçado a passar por um orifício (a fieira) que lhe confere a forma final. Sendo que, a pressão necessária para que o polímero atravesse a fieira é obtida com ajuda de um ou mais parafusos a rodar dentro de um cilindro aquecido.

Na Figura 2 mostra-se um esquema do funcionamento de uma extrusora monofuso. O polímero sólido é introduzido na tremonha que por acção da gravidade cai dentro do cilindro. Um parafuso sem-fim, tipo Arquimedes, roda (a uma velocidade constante, N) dentro de um cilindro aquecido por bandas de aquecimento. Devido a essa velocidade de rotação o polímero sólido é transportado para a zona aquecida do cilindro onde funde. De seguida, o polímero fundido é misturado, homogeneizado e pressurizado. Devido à pressão assim gerada o polímero fundido é forçado a atravessar a fieira que lhe confere a forma final.

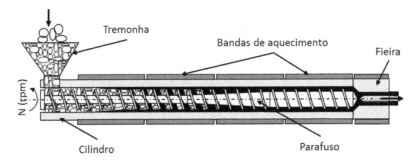

Figura 2- Esquema de funcionamento de uma extrusora.

Assim, uma extrusora, para a indústria de plásticos, deve assegurar a realização de cinco funções básicas: i) transportar o material sólido; ii) fundir o material sólido; iii) misturar e homogeneizar os componentes da matéria-prima; iv) homogeneizar a temperatura do material a extrudir; v) bombear o fundido através da fieira a uma taxa constante [TAD 70, TAD 06, CHU 10, GAS 09].

Todavia, é importante salientar que na fabricação de produtos por extrusão são necessários equipamentos adicionais que complementam as funções da extrusora e que variam com o tipo de produto a extrudir. Ou seja, a produção de produtos extrudidos é realizada numa **linha de extrusão**, a qual é constituída por uma ou mais extrusoras, uma cabeça de extrusão e sistemas de calibração, arrefecimento e manipulação do extrudido.

A extrusora tem como objectivo o envio de um fundido homogéneo sob pressão para a cabeça de extrusão (além das funções referidas anteriormente). Para a sua concretização é necessário que seja capaz de transportar o material sólido, misturar, homogeneizar e pressurizar o fundido, por forma a bombeá-lo a uma taxa constante para a fieira. Os detalhes sobre os fenómenos termomecânicos, designado como processo de plasticização, são o objecto de estudo deste texto, os quais serão apresentados em detalhe nos próximos capítulos.

A diferenciação entre as diversas técnicas de extrusão inicia-se na cabeça de extrusão, a qual é constituída por um sistema de filtragem e pela fieira. O objectivo é filtrar eventuais impurezas e dar forma ao fundido, respectivamente. O processo de extrusão só fica completo depois do material extrudido passar por um conjunto de equipamentos acessórios, os quais efectuam um série de operações até à obtenção de um produto sólido. Essas operações incluem: a calibração e o arrefecimento, a insuflação, o puxo, o corte e o enrolamento e, eventualmente, poderá ser induzida uma enformação secundária.

Nas diferentes linhas de extrusão (Figura 3) podem produzir-se: perfis, tubos, monofilamentos, filme e folha planos, filme tubular e isolar condutores.

LINHA DE EXTRUSÃO		
	CABEÇA DE EXTRUSÃO	EQUIPAMENTO ACESSÓRIO
EXTRUSORA	Perfis	
	Tubos	
	Isolamento de condutores	
	Monofilamentos	
	Filme / folha planos	
	Filme tubular	

Figura 3- Linhas de extrusão.

3 O PROCESSO DE PLASTICIZAÇÃO

3.1 Plasticização

A Figura 4 ilustra esquematicamente os fenómenos termomecânicos que ocorrem no processo de plasticização numa extrusora monofuso. Tendo em conta as funções básicas de uma extrusora referidas anteriormente, verifica-se neste processo que existem zonas onde se dá o fluxo de material sólido e fundido separadamente e uma zona intermédia onde existe o fluxo de polímero nos estados sólido e fundido em simultâneo.

Maddock e Street realizaram, pela primeira vez, experiências específicas de visualização do processo com o objectivo de descobrir o que se passava na zona da passagem de sólido para fundido. Essas experiências consistiram em [MAD 59]:

1) Colocar a extrusora em funcionamento até atingir o estado estacionário,

2) Parar repentinamente o processo,

3) Arrefecer rapidamente a zona aquecida do cilindro,

4) Extrair o parafuso com o polímero.

Estas experiências, realizadas com diferentes polímeros, condições de processamento e geometrias do parafuso, possibilitaram a observação de três zonas funcionais distintas, correspondentes, sequencialmente, à presença de sólidos, de fundido e à coexistência de ambos. Verificou-se que na parte inicial do parafuso, os grânulos são progressivamente comprimidos, formando um bloco com uma certa coesão. Verificou-se, ainda, que a zona de sólidos poderia ser subdividida em duas, a primeira

9

correspondendo somente ao fluxo de material sólido e a segunda ao fluxo do bloco de sólidos rodeado parcialmente por um filme de fundido junto ao cilindro. Na zona de fusão o sólido e o fundido fluem na direcção do canal mas separados, e à medida que a fusão progride, a largura de fundido aumenta e a de sólidos diminui. Finalmente, na zona de bombagem, o canal está cheio de fundido [MAD 59, TAD 70].

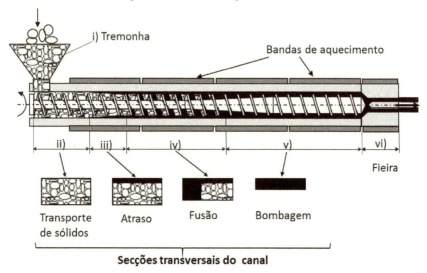

Figura 4- Etapas funcionais na plasticização.

Estes estudos permitiram concluir que a plasticização se desenvolve em seis etapas sequenciais, como se ilustra na Figura 4 [TAD 70, CHU 10]:

i) Transporte de sólidos na tremonha: onde o fluxo se dá por acção da força da gravidade;

ii) Transporte de sólidos no parafuso: o qual consiste no arraste de um bloco de sólidos ao longo do canal do parafuso devido há existência de atrito entre o polímero e as paredes do parafuso e cilindro;

iii) Atraso na fusão: zona que corresponde à existência do fluxo de um bloco de sólidos rodeado por um filme de fundido junto ao cilindro, o qual se poderá estender posteriormente às superfícies do canal do parafuso;

iv) Fusão: onde um mecanismo específico de fusão tem lugar;

v) Bombagem de fundido: onde o fluxo ocorre devido à diferença de pressões geradas e ao arraste viscoso do polímero fundido provocado pela parede do cilindro;

vi) Fluxo de fundido na fieira: devido à pressão gerada no parafuso da extrusora.

3.2 Modelo Global do Processo

Cada uma das zonas funcionais identificadas na Figura 4 será analisada matematicamente no capítulo respectivo. Com o objectivo de fazer a integração dos diferentes modelos individuais desenvolvidos para cada uma das etapas será necessário ter em conta condições fronteira adequadas: i) a pressão calculada na base da tremonha será o valor inicial necessário na zona de transporte de sólidos no parafuso; ii) o início da zona de atraso dá-se quando a temperatura do material na interface bloco de sólidos parede do cilindro atinja a temperatura de fusão do material, no caso de polímeros semi-cristalinos, ou uma temperatura de amolecimento adequada, no caso de polímeros amorfos (neste caso cerca de 50-60°C acima da temperatura de transição vítrea); iii) o início da zona de fusão ocorre quando se formam filmes de fundido junto às paredes do parafuso e a largura do filme junto ao flanco activo começa a aumentar; iv) o fim da zona de fusão dá-se quando o material se encontra totalmente fundido; v) o débito da extrusora será determinado tendo em conta a contra-pressão exercida pela fieira [GAS 09].

Os modelos matemáticos e computacionais desenvolvidos a partir dos parâmetros do processo (geometria do sistema, propriedades do polímero e condições de processamento) deverão prever algumas medidas acerca do desempenho do processo, tais como: débito, consumo mecânico de potência necessário para rodar o parafuso, temperatura do fundido, homogeneidade da temperatura, grau de mistura induzido, o comprimento necessário para a fusão, capacidade de gerar pressão e dissipação viscosa [GAS 09].

3.3 Simplificações Geométricas

Com o objectivo de facilitar o estudo do processo, *i.e.*, permitir a visualização e o estudo teórico dos fenómenos termomecânicos que ocorrem na plasticização, foram consideradas duas simplificações relacionadas com a geometria do parafuso [TAD 70, RAU 86].

Em primeiro lugar, e como se ilustra na Figura 5, considera-se que o polímero flui num canal rectangular que resulta do desenrolamento do canal do parafuso. Esse canal é limitado na parte superior pela parede do cilindro, na parte inferior pela raiz do parafuso e nas partes laterias pelos filetes do parafuso. Esta simplificação permite o uso de coordenadas rectangulares (x,y,z) no desenvolvimento dos modelos matemáticos que regulam o processo, o que, como se verificará, simplifica a dedução de modelos analíticos [TAD 70, TAD 06]. A segunda simplificação considera que o parafuso está parado e é o cilindro que roda. A validade desta simplificação baseia-se no facto de na maior parte dos parafusos a razão entre a profundidade do canal (H) e o diâmetro do parafuso (D_p) ser muito pequena, ou seja, $H/D_p <<< 1$ [TAD 70, RAU 86, TAD 06].

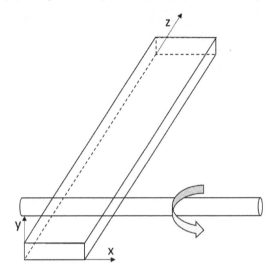

Figura 5- Desenrolamento do canal do parafuso.

Como consequência, à velocidade angular, N, corresponde uma velocidade linear junto à parede interna do cilindro, V_c, a qual faz um ângulo, θ_c, com a direcção z do canal. Assim, a velocidade do cilindro e as suas componentes no sistema de eixos considerado (Figura 6), são dadas por:

$$V_c = \pi N D_c \tag{1}$$

$$V_{cz} = V_c \cos\theta_c \tag{2}$$

$$V_{cx} = V_c \sin\theta_c \tag{3}$$

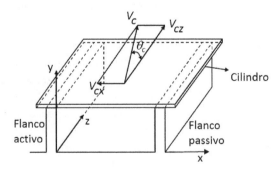

Figura 6- Componentes da velocidade no cilindro.

3.4 Conceitos Específicos

a) Coeficientes de Atrito

A eficácia do transporte de sólidos depende da grandeza relativa dos coeficientes de atrito entre as partículas de polímero e as paredes do cilindro e parafuso. A Figura 7 ilustra, de uma forma simplificada, o que ocorre quando um bloco de polímero sólido é colocado entre duas placas paralelas nas condições seguintes: a placa de cima, representando o cilindro, move-se a uma velocidade constante, V_C, e a de baixo, representando o parafuso, está parada; o bloco de sólidos está sujeito a uma pressão, P, constante e uniforme; sendo essa pressão aplicada sobre a área, A, igual nas superfícies superior e inferior, e o coeficiente de atrito nas duas placas é diferente, f_c na superior e f_p na inferior.

Facilmente se pode calcular a força normal, F_N, exercida devido à pressão nas superfícies superior e inferior (igual nas duas) como sendo

$$F_N = \frac{P}{A}.$$

Devido ao movimento imposto na placa superior, existirão duas forças de atrito de sentido contrário e perpendiculares à força normal, uma na placa superior, F_c, e outra na placa inferior, F_p. Estas forças resultam de:

$$F_c = F_N \, f_c \tag{4}$$

$$F_p = F_N \, f_p \tag{5}$$

Como é óbvio, para que o bloco de sólidos se mova (ignorando a inércia do sistema), *i.e.*, para que a velocidade do bloco de sólidos, V_{bs}, seja maior que 0, é necessário que $F_c > F_p$, ou seja, tendo em conta as equações 4 e 5: $f_c > f_p$.

Resumindo, na prática, se consideramos a placa superior como o cilindro e a inferior o parafuso, pode concluir-se o seguinte:

1. Se $f_c < f_p$, o polímero adere ao parafuso escorregando no cilindro. O material não avança no canal sendo o débito nulo.

2. Se $f_c > f_p$, o material escorrega no parafuso, avançando axialmente devido à acção do movimento do cilindro. O débito será tanto maior quanto maior for a diferença entre os coeficientes de atrito.

3. Quando $f_c >>> f_p$, o débito pode aumentar significativamente, mas

o binário necessário para rodar o parafuso bem como a pressão gerada aumentam, também, bastante; factores que devem ser tidos em conta no projecto da máquina.

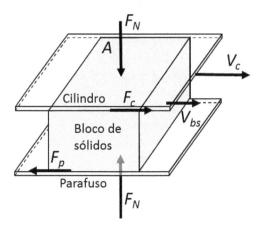

Figura 7- Movimento do bloco de sólidos devido ao atrito.

b) Início da Fusão

Devido à existência de atrito entre o polímero e as paredes do cilindro, o movimento relativo entre as superfícies do polímero e do aço (paredes do cilindro e do parafuso) faz com que a temperatura aumente por dissipação de energia mecânica em energia térmica. Por essa razão, o polímero, na superfície junto ao cilindro, atinge a temperatura de fusão (no caso de polímeros semi-cristalinos) mais cedo do que atingiria se se considerasse somente o aumento da temperatura do polímero devido à condução de calor do cilindro aquecido. É o balanço entre a condução de calor do cilindro e a dissipação de calor por atrito que define a dinâmica do processo de fusão, como se verá mais à frente.

A Figura 8 procura ilustrar os fenómenos que se desenvolvem no canal do parafuso quando o material começa a fundir: (a) inicialmente, forma-se um filme fino de fundido que, devido ao facto de os grânulos não terem ainda compactação suficiente, poderá infiltrar-se no espaço entre esses mesmos grânulos de polímero sólido; (b) de seguida, à medida que se progride no canal do parafuso, esse filme aumenta de dimensões, ficando com uma espessura maior que a folga entre a crista do parafuso e o cilindro; (c) uma vez que também existe atrito na superfície do parafuso (apesar do coeficiente de atrito nessa superfície ser menor), podem formar-se filmes de fundido na raiz e flancos do parafuso. Esta zona corresponde à existência de um mecanismo de atraso relativamente ao mecanismo normal de fusão. Inicia-se quando o material na interface funde (por condução de calor e/ou por dissipação de energia mecânica) e estende-se até ao início da formação de um poço de fundido junto ao flanco activo, caracterizado por ter uma largura semelhante à profundidade do canal (Figura 8-d).

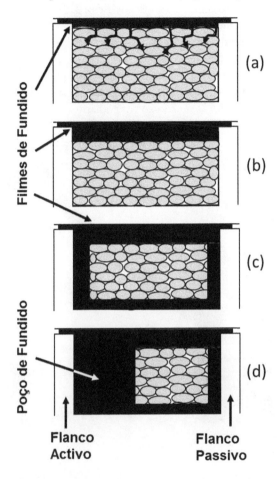

Figura 8- Início da fusão.

Na Figura 9 mostra-se, esquematicamente, a forma como estas zonas funcionais se desenvolvem ao longo do canal do parafuso. É de salientar o progressivo aumento da largura do poço de fundido seguindo um perfil de fusão não linear. Nesta figura não se considera a diminuição da altura do canal na zona intermédia do parafuso (ver Figura 2), facto que também contribuí para essa não linearidade bem como para a aceleração da fusão.

Outro aspecto importante está relacionado com o percurso do polímero no canal do parafuso. A Figura 10 ilustra o percurso efectuado por uma partícula elementar de polímero. Na zona de transporte de sólidos a partícula move-se na direcção z do canal, tendo em conta que estamos na presença de um bloco de sólidos com alguma coesão. Quando chega à zona de atraso, e devido ao facto de existir alguma fusão de material, a partícula pode-se deslocar ligeiramente para cima no canal. É a partir do momento em que funde que o seu percurso sofre mais variações. Quando chega ao poço de fundido efectua um movimento helicoidal, o qual depende da sua posição no canal. Isto tem uma grande implicação, partículas posicionadas em localizações diferentes no início do canal não tem o mesmo tempo de residência dentro da extrusora. É este facto que é responsável pela mistura e homogeneização do fundido, como se verá adiante.

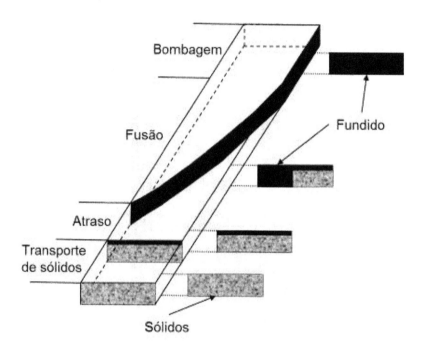

Figura 9- Zonas funcionais ao longo do canal do parafuso.

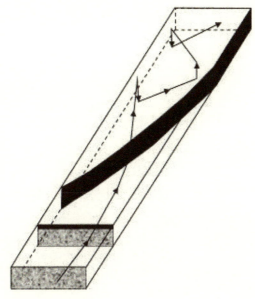

Figura 10- Caminho de fluxo de uma partícula no canal do parafuso.

4 PROPRIEDADES DOS POLÍMEROS

4.1 Conceitos

A caracterização do polímero em termos das suas propriedades térmicas, reológicas e físicas é fundamental quando se pretende usar software na concepção de equipamentos de processamento de polímeros, quer na optimização do seu funcionamento quer na compreensão e posterior solução de problemas que podem ocorrer durante o processo.

Existem algumas propriedades que podem ser encontradas facilmente na literatura, tais como: as temperaturas de transição vítrea (principalmente para os polímeros amorfos) e de fusão e o calor específico. Todavia, algumas propriedades importantes não são fáceis de encontrar, tais como: condutividade térmica, massa específica e coeficientes de atrito.

Neste último caso será necessário a sua determinação, devendo-se, para isso, ter em atenção que será sempre necessário determinar a influência de parâmetros do processo, como sejam a temperatura e a pressão, no seu valor final. Como se verá, este facto implica que sejam necessários definir modelos matemáticos que permitam ter em conta estas variações.

Para um caso típico da modelação do processo de extrusão são necessárias as propriedades a seguir enumeradas:

- Massa específica do sólido e do fundido;

- Coeficientes de atrito grânulos de polímero/paredes da tremonha e coeficiente de atrito interno (entre os grânulos).

- Coeficientes de atrito na interface polímero/paredes do cilindro e parafuso;

- Condutividade térmica do sólido e do fundido;

- Temperatura de fusão;

- Calor latente de fusão;

- Temperatura de transição vítrea no caso dos polímeros amorfos;

- Calor específico do sólido e do fundido;

- Propriedades reológicas.

4.2 Propriedades Físicas

A massa específica do polímero sólido deve ter em conta o facto de que no processo de extrusão existe um fluxo de partículas sólidas que progressivamente são compactadas e que, simultaneamente, são sujeitas a mudanças de temperatura. Ou seja, é necessário quantificar uma massa específica aparente, onde no espaço entre os grânulos existe ar que faz diminuir a massa específica efectiva do polímero sólido. Hyun e Spalding [HYN 90] desenvolveram um modelo com o objectivo de quantificar essa variação com a pressão e a temperatura:

$$\rho_s = \rho_\infty + \left(\rho_0 - \rho_\infty\right)^{F\,P} \tag{6}$$

$$F = b_0 + b_1\,T + b_2\,T^2 + \frac{b_3}{T_g - T} \tag{7}$$

Sendo: P a pressão, T a temperatura, ρ_s a massa específica à pressão e temperatura consideradas, ρ_∞ a massa específica do polímero sólido (compactado), ρ_0 a massa específica dos grânulos à pressão atmosférica, T_g a temperatura de transição vítrea e b_0, b_1, b_2 e b_3 coeficientes empíricos determinados a partir de dados experimentais (fazendo o ajuste desses dados ao modelo considerado). Na tabela 1 apresentam-se os valores destes parâmetros para um polietileno de alta densidade. A Figura 11 mostra a variação da massa específica com a pressão para várias temperaturas. É clara a complexidade desta variação, o que permite concluir que ignorar o efeito da temperatura e da pressão na massa específica dos sólidos pode conduzir a resultados errados.

Do mesmo modo, a massa específica do fundido varia com a pressão e a temperatura. Para a sua determinação usa-se, geralmente, um reómetro capilar no qual se coloca um tampão no lado da saída do polímero. Assim, ao ser movimentado o pistão, a uma determinada temperatura, comprime-se o polímero, determinando-se a massa específica através da variação do volume da câmara e a variação de pressão com o sensor de pressão do próprio reómetro. Fazendo o ensaio a várias temperaturas obtêm-se um gráfico que se designa por diagrama PVT.

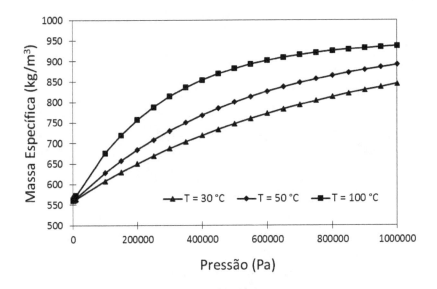

Figura 11- Massa específica de bloco de sólidos em função da temperatura e pressão (NCPE 0928, Tabela 1).

A equação seguinte descreve a variação da massa específica do fundido, ρ_m, em função da temperatura, T, e pressão, P:

$$\rho_m = g_0 + g_1\,T + g_2\,P + g_3\,T\,P \tag{8}$$

Sendo: g_0, g_1, g_2 e g_3 constantes empíricas determinadas através do ajuste da equação aos valores obtidos experimentalmente. Na Figura 12 mostra-se a evolução da massa específica com a pressão para valores típicos de temperaturas de processamento. Como se pode observar a variação é linear com a pressão e temperatura. No entanto, devido às grandes variações existentes pode revestir-se de grande importância ter em conta este modelo nos cálculos a efectuar.

Como identificado acima os coeficientes de atrito são importantes em duas situações diferentes: a) no fluxo do polímero na tremonha e b) no transporte de sólidos no parafuso. Devido às condições de pressão e temperatura locais, o comportamento dos sólidos no que diz respeito ao atrito é muito diferente nestas duas condições.

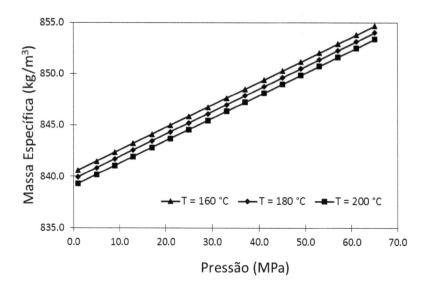

Figura 12- Massa específica do fundido em função da temperatura e pressão (NCPE 0928, Tabela 1).

Na tremonha está-se em presença de um fluxo de sólidos soltos, a uma temperatura ambiente fixa e a pressões relativamente baixas. Neste caso é necessário quantificar os coeficientes de atrito externo, grânulos/paredes da tremonha, e interno, entre os grânulos de polímero. O coeficiente de atrito externo corresponde ao ângulo de fluxo dos grânulos quando se inclina lentamente uma placa da posição horizontal, sendo o ângulo de atrito obtido quando a maior parte dos grânulos começa a fluir (ver Figura 13-c). O coeficiente de atrito externo, f_p', pode ser calculado a partir desse ângulo, β_w, por:

$$f_p' = tg(\beta_w) \tag{9}$$

Na Figura13-b pode-se observar como se obtêm o coeficiente de atrito interno (β_e), o qual corresponde ao fluxo inicial dos grânulos de polímero entre si.

Em segundo lugar, os coeficientes de atrito externos, entre o polímero e as paredes internas do cilindro e as paredes do parafuso, são factores decisivos no transporte de sólidos em extrusoras monofuso. Porém, nas condições de pressão e temperatura que se desenvolvem na zonas onde existem sólidos (ou seja, transporte de sólidos, atraso e fusão), os valores dos coeficientes de atrito referidos não se mantêm constantes, sendo de muito difícil determinação. Gamache et al. [GAM 99] desenvolveram um dispositivo capaz de fazer essa determinação. Nesse trabalho foram testados experimentalmente diferentes polímeros, superfícies metálicas e formas de grânulos, além de se estudar o efeito da temperatura e pressão nos respectivos coeficientes de atrito. Como se pode verificar nesse trabalho o valor dos coeficientes de atrito variam bastante, servindo no entanto como um bom ponto de partida para serem usados nos cálculos (os valores mostrados na Tabela 1 forma retirados da literatura ou fornecidos pelo fabricante).

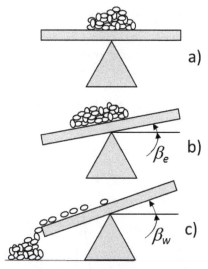

Figura 13- Determinação experimental dos coeficientes de atrito interno e externo.

4.3 Propriedades Térmicas

As propriedades térmicas necessárias para modelar o processo de plasticização, excepto a condutividade térmica, podem ser obtidas usando um calorímetro diferencial de varrimento (*Differential Scanning Calorimeter* – DSC). Com o DSC é possível obter facilmente as temperaturas de transição vítrea, T_g, e de fusão, T_m, o calor latente de fusão, h, e o calor específico do sólido, C_s, e do fundido, C_m. O calor específico do sólido e do fundido variam com a temperatura seguindo uma lei do tipo:

$$C_{s,m} = C_0 + C_1 T + C_2 T^2$$ (10)

Sendo as constantes C_0, C_1 e C_2 obtidas por ajuste dos valores obtidos experimentalmente à equação anterior. Na Figura 14 mostra-se a variação do calor específico com a temperatura para um polietileno de alta densidade (HDPE). Neste caso, para temperaturas abaixo de T_m a variação é quadrática, enquanto que para temperaturas acima de T_m é linear.

A condutividade térmica pode ser obtida através de um dispositivo miniaturizado constituído por uma placa quente e usando fluxo térmico simétrico [KAM 83]. Com este dispositivo é possível obter os valores da condutividade térmica do sólido e do fundido, uma vez que ele permite o aquecimento acima da temperatura de processamento (os valores mostrados na Tabela 1 forma retirados da literatura ou fornecidos pelo fabricante).

4.3 Propriedades Reológicas

As propriedades reológicas para a gama de temperaturas e taxas de corte usadas na plasticização em extrusão podem ser obtidas a partir de um reómetro capilar. Para isso procede-se a ensaios a várias temperaturas, tendo em conta os efeitos à entrada da fieira devido à pressão, sendo aplicadas as correcções de Bagley e Rabinowitsch por forma a obter-se o valor real da viscosidade.

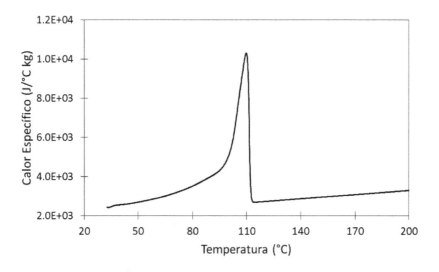

Figura 14- Calor específico em função da temperatura para um LDPE (LUPOLEN 33FM).

Os valores assim obtidos podem ser descritos por uma lei do tipo **Lei da Potência**:

24

$$\eta = \eta_0 \, \dot{\gamma}^{(n-1)} e^{-a(T-T_0)} \tag{11}$$

Sendo: η é a viscosidade à temperatura T e à taxa de corte $\dot{\gamma}$, η_0, n e a são constantes do material, que resultam do ajuste da equação aos dados experimentais, e T_0 é a temperatura de referência.

Outra possibilidade é usar uma lei do tipo **Carreau-Yasuda**:

$$\eta = \eta_0 \, a_T \left(1 + \left(\lambda \, a_T \, \dot{\gamma} \right)^a \right)^{\frac{n-1}{a}} \tag{12}$$

sendo

$$a_T = \exp\left(\frac{E}{R} \left(\frac{1}{T} - \frac{1}{T_0} \right) \right) \tag{13}$$

Onde: η é a viscosidade à temperatura T e à taxa de corte $\dot{\gamma}$, η_0, n, λ, e a são constantes do material, que, tal como anteriormente, resultam do ajuste da equação aos dados experimentais, e T_0 é a temperatura de referência.

A Figura 15 mostra as curvas de viscosidade a várias temperaturas de um HDPE (Tabela 2) usando a Lei de Carreau-Yasuda.

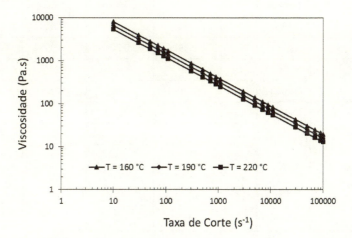

Figura 15- Viscosidade a diferentes temperaturas de um HDPE (NCPE 0928, Tabela 2).

Tabela 1- Propriedades físicas e térmicas dos polímeros: HDPE – NCPE 0928, da Borealis; LDPE – LUPOLEN 33FM, da Basell; PP – ISPLEN 030G1E, da Repsol YPF (no caso em que os coeficientes dos polinómios não são apresentados significa que se assume o valor da propriedade com sendo constante, como é o caso da massa específica do sólido para o LDPE que é de 495.0 kg.m³).

Propriedades			HDPE	LDPE	PP	Unidade
Massa específica	*Sólido* (ρ_s)	ρ_∞	948.0	495.0	691	kg.m^{-3}
		ρ_0	560.0	---	---	kg/m³
		T_g	-125.0	---	---	°C
		b_0	-1.276e-9	---	---	1/Pa
		b_1	8.668e-9	---	---	1/°C Pa
		b_2	-5.351e-11	---	---	1/°C² Pa
		b_3	-1.505e-4	---	---	°C/Pa
	Fundido (ρ_m)	g_0	854.4	923	902	kg/m³
		g_1	-0.03236	---	---	kg/m³ °C
		g_2	2.182e-7	---	---	kg/m³ Pa
		g_3	3.937e-12	---	---	kg/m³ °C Pa
Coeficientes de atrito	*Interno*		0.67	0.53	0.50	---
	Tremonha		0.30	0.30	0.30	---
	Cilindro		0.45	0.40	0.45	---
	Parafuso		0.25	0.20	0.25	---
Condutividade térmica	*Sólido*	k_s	0.186	0.141	0.210	W/m °C
	Fundido	k_m	0.097	0.078	0.180	W/m·°C
Calor Específico	*Sólido* (C_s)	C_0	1317.0	2725.0	1882.0	J/kg
		C_1	---	---	---	J/kg °C
		C_2	---	---	---	J/kg Pa
	Fundido (C_m)	C_0	-1289.0	**2574.0**	**1975.0**	J/kg
		C_1	86.01	---	---	J/kg °C
		C_2	-0.3208	---	---	J/kg Pa
Calor de Fusão		h	196000.0	116100.0	120490.0	J/kg
Temperatura de fusão		T_m	119.6	100.3	169.1	°C

Tabela 2- Propriedades reológicas dos polímeros: HDPE –NCPE 0928, da Borealis; LDPE – LUPOLEN 33FM, da Basell; PP – ISPLEN 030G1E, da Repsol YPF.

Propriedade		HDPE	LDPE	PP	Unidade
Viscosidade: Lei da Potência	n	0.345	---	---	---
	k_0	29940.0	---	---	Pa/s
	a	0.00681	---	---	$1/°C$
	T_0	190	---	---	$°C$
Viscosidade: Lei Carreau-Yasuda	η_0	---	33000.0	3041.5	$Pa.s$
	E/R	---	5000.0	4023.3	K
	$\hat{\lambda}$	---	1.00	0.17	S
	a	---	1.80	1.82	---
	n	---	0.35	0.35	---
	T_0	---	423.15	533.15	K

5 GEOMETRIA DO SISTEMA

5.1 Parafuso Convencional de Extrusão

A extrusora monofuso é constituída por um cilindro aquecido onde roda um parafuso sem fim (ou de Arquimedes). Num parafuso convencional podem-se distinguir três zonas geométricas distintas(ver Figura 16):

1. **Zona de alimentação:** onde a profundidade do canal é constante;

2. **Zona de compressão:** caracterizada pela diminuição progressiva da profundidade do canal;

3. **Zona de medição:** com profundidade do canal reduzida e constante.

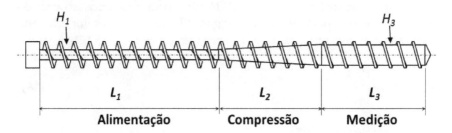

Figura 16- Zonas geométricas de um parafuso convencional.

Os parâmetros geométricos necessários para o estudo da plasticização em extrusoras monofuso estão ilustrados na Figura 17 e incluem: D_c, diâmetro interior do cilindro; D_i, diâmetro interior do parafuso; D_p, diâmetro exterior do parafuso; S, passo do parafuso; H, profundidade do canal; δ_f, folga entre a hélice do parafuso e o interior do cilindro; θ, ângulo de inclinação da hélice; e, espessura do filete e W, largura do canal. Sendo que:

$$D_p = D_i + 2H \tag{14}$$

$$D_c = D_p + 2\delta_f \tag{15}$$

No entanto, como a folga (δ_f) é muito pequena poderá ser desprezada em alguns cálculos, ficando $D_c \approx D_p$.

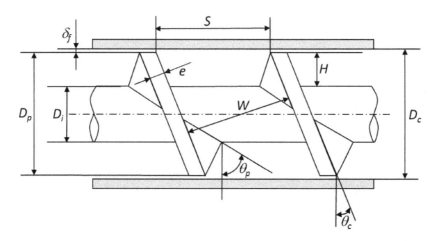

Figura 17- Parâmetros geométricos do parafuso.

O ângulo de inclinação da hélice (θ) varia com a distância ao eixo do parafuso (como se pode observar na Figura 17), sendo o seu valor calculado junto à raiz do parafuso pela equação seguinte:

$$\theta_p = arctg\left(\frac{S}{\pi D_i}\right) \tag{16}$$

e junto ao cilindro por:

$$\theta_c = arctg\left(\frac{S}{\pi D_p}\right) \tag{17}$$

A largura do canal (W) tal como θ, varia com a distância radial, sendo que junto à raiz do parafuso pode ser calculada por:

$$W_p = S \cos\theta_p - e \tag{18}$$

e junto ao cilindro por:

$$W_c = S \cos\theta_c - e \tag{19}$$

Na zona de compressão (ver Figura 16) o canal possui um declive que poderá ser calculado com o canal desenrolado usando a equação seguinte (ver Figura 18):

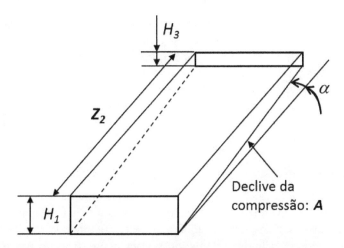

Figura 18- Zona de compressão do parafuso: A – declive, α – ângulo de compressão.

$$A = \frac{H_1 - H_3}{Z_2} \tag{20}$$

Sendo Z_2 o comprimento desenrolado do canal da zona de compressão obtido de:

$$Z_2 = \frac{L_2}{\sin(\overline{\theta})} \tag{21}$$

L_2 é o comprimento da zona de compressão ao longo do canal, como ilustrado na Figura 16 e $\overline{\theta}$ é o ângulo médio do filete (média de θ_c e θ_p). A profundidade, H, do canal em qualquer localização, z, ao longo desse mesmo canal por ser obtida de:

$$H = H_1 - A z \qquad (22)$$

Finalmente, um parâmetro importante na caracterização de um parafuso é a sua taxa de compressão (TC), dada por:

$$TC = \frac{H_1}{H_3} \qquad (23)$$

5.2 Desenvolvimentos Tecnológicos

O uso de parafusos convencionais de extrusão apresenta algumas limitações, nomeadamente no que se refere à capacidade de mistura, à estabilidade dinâmica em termos de fusão e à capacidade de fusão. Estas limitações foram resolvidas progressivamente ao longo de vários anos. Para isso desenvolveram-se geometrias diferenciadas capazes de ter em conta vários aspectos do processo de plasticização e as funções que a extrusora deve desempenhar, nomeadamente: cilindro com rasgos, secções de mistura e parafusos barreira.

Rasgos no Cilindro

Tendo em conta as condições definidas anteriormente, em termos dos valores relativos dos coeficientes de atrito, para aumentar a capacidade de débito da zona de transporte de sólidos deve-se aumentar o coeficiente de atrito na parede do cilindro (mantendo o coeficiente de atrito nas paredes do parafuso constante), o que pode ser conseguido através do aumento da sua rugosidade. Para o efeito é relativamente vulgar maquinar rasgos no cilindro, longitudinais ou helicoidais, como se ilustra na Figura 19 para o caso dos rasgos longitudinais. O objectivo é fazer com que se aumente consideravelmente o débito e se diminua a sua sensibilidade às variações de pressão.

A Tabela 3 mostra, em função do diâmetro do parafuso, dimensões típicas dos rasgos, largura e profundidade, bem como o número de rasgos.

Existem na literatura vários modelos capazes de quantificar o efeito da geometria dos rasgos no desempenho da extrusora, os quais serão apresentados no capítulo dos desenvolvimentos tecnológicos.

Tabela 3- Dimensões típicas dos rasgos.

Diâmetro do cilindro (mm)	Número de rasgos	Largura (mm)	Profundidade máxima (mm)
45	8	5.6	3.0
60	9	6.7	3.7
75	10	7.5	4.3
90	10	9.0	4.9
105	11	9.6	5.5
120	11	10.9	6.0

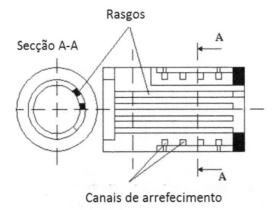

Figura 19- Rasgos longitudinais.

Parafusos Barreira

O primeiro parafuso barreira foi patenteado por Maillefer (MBS) em 1959 [MAI 59]. É caracterizado por possuir um segundo filete na zona de compressão com um ângulo de hélice distinto do filete principal, e fazendo a ligação entre os flancos activo e passivo do filete principal (Figura 20). Tem um duplo objectivo: a) separar o bloco de sólidos do poço de fundido, estabilizando, desta forma, a fusão e eliminando o surgimento de partículas não fundidos no meio do poço de fundido; b) aumentar a área de contacto entre o bloco de sólidos e as paredes do canal com o objectivo de aumentar a taxa de fusão. Posteriormente forma propostos outros tipos de parafusos barreira: Dray e Lawrence (*Dray e Lawrence Barrier Screw* – DLBS) [DRA 70], Barr (BBS) [BAR 71], Kim (KBS) [KIM 72] e Ingen Housz (IHBS) [ING

80]. Mais recentemente, continuam a ser desenvolvidas novas soluções [ING 81, TAD 70, AME 88].

Esquemas representando os vários parafusos barreira desenrolados estão ilustrados nas Figuras 21 e 22, respectivamente para os parafusos, Maillefer, Dray e Lawrence, Barr e Kim.

Devido à sofisticação da geometria, a modelação do fluxo do polímero sólido e fundido reveste-se, também, de alguma complexidade, como se pode verificar no trabalho desenvolvido pelo autor nestes dois artigos [GAS 14a, GAS 14b]. Neste livro não serão dados mais detalhes sobre a modelação deste tipo de parafusos, remete-se o leitor para os trabalhos publicados pelo autor artigos [GAS 14a, GAS 14b].

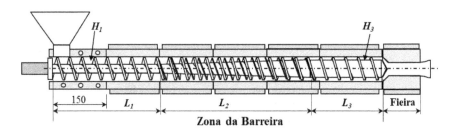

Figura 20- Parafuso barreira.

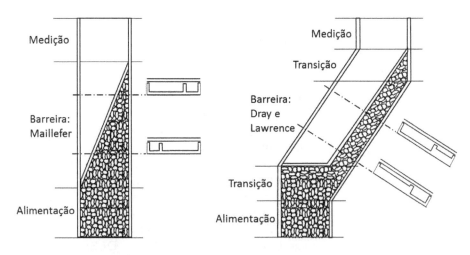

Figura 21- Parafusos barreira tipo: Maillefer e Dray e Lawrence.

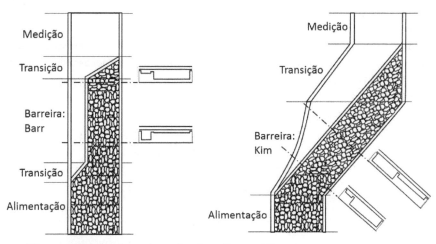

Figura 22- Parafusos barreira tipo: Barr e Kim.

Secções de mistura

Devido à simplicidade da sua geometria, em determinadas aplicações, o parafuso convencional pode não promover uma mistura adequada. Assim, para obviar este problema, poderão ser incorporadas secções de mistura no corpo do parafuso, as quais, dependendo do tipo de construção, além de promoverem a mistura e homogeneização do polímero podem, também, evitar que o material ainda sólido atinja a fieira. Geralmente, os dispositivos de mistura são inseridos na zona de medição, podendo usar-se simultaneamente vários dispositivos de geometria e função variadas [TAD 70, RAU 86, TAD 06].

A mistura pode ser distributiva ou dispersiva. Na Figura 23 ilustra-se este conceito simulando com o uso de dois materiais com cores diferentes: a) ao passar-se da esquerda para a direita, o número de quadrados mantêm-se constante, no entanto, o material cinzento ficou melhor distribuído no espaço, ou seja, os dois materiais estão melhor **distribuídos**; b) ao passar-se de cima para baixo, nota-se que o número de quadrados aumenta por quebra ou ruptura dos quadrados maiores, isto significa que se aumentou a **dispersão** dos dois materiais. Isto significa que o quadrado de baixo à direita é o que apresenta a situação com melhor mistura, quer distributiva quer dispersiva [TAD 70, RAU 86, TAD 06].

Tendo em conta o acima referido, os dispositivos (ou secções) de mistura são divididos em dois tipos, de acordo com o tipo de mistura que promovem: secções de mistura distributiva e secções de mistura dispersiva. No primeiro caso pretende-se aumentar a uniformidade da distribuição dos diversos elementos de fluido, o que é conseguido através da divisão e recombinação de fluxos dos materiais. No caso das secções do tipo dispersiva, o objectivo é reduzir o tamanho unitário de um ou mais dos componentes, sendo necessário para isso a ruptura dos aglomerados dos materiais. Isto significa que na mistura dispersiva é necessário aplicar tensões elevadas, que podem ser de corte, extensionais ou uma combinação das duas.

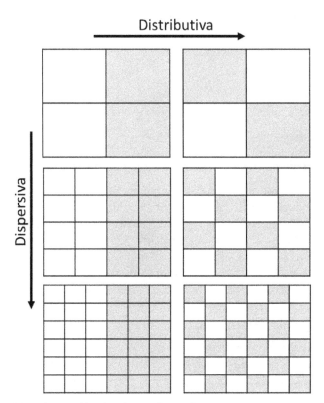

Figura 23- Mistura distributiva e dispersiva.

Na Figura 24 mostram-se dois exemplos de secções de mistura distributiva: Ananás e Pinos. Enquanto na Figura 25 mostram-se três exemplos de secções de mistura dispersiva: Torpedo, Maddock e Union Carbide. Esta última secção de mistura é idêntica à Maddock sendo a única diferença o ângulo dos canais, na Maddock ós canais são paralelos ao eixo do parafuso.

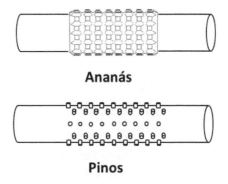

Ananás

Pinos

Figura 24- Exemplos de secções de mistura distributiva.

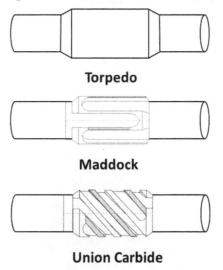

Torpedo

Maddock

Union Carbide

Figura 25- Exemplos de secções de mistura dispersiva.

5.3 Exercícios de Aplicação

1. Determine as constantes geométricas do parafuso de extrusão ilustrado na Figura 26.

Outros dados: parafuso de passo quadrado; diâmetro exterior do parafuso: 60 mm; taxa de compressão do parafuso: 2.5, diâmetro interior do cilindro: 61 mm; espessura do filete: 5 mm.

Nota: As constantes devem ser determinadas para todas as zonas geométricas do parafuso.

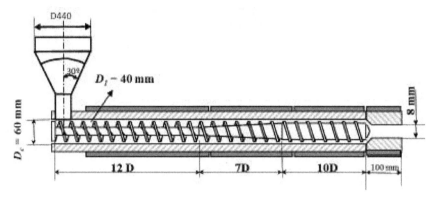

Figura 26– Geometria da extrusora.

6 TREMONHA

6.1 Conceitos

A tremonha constitui o início do transporte de sólidos na extrusora. O transporte de sólidos estende-se até que o polímero comece a fundir, geralmente num espaço de vários diâmetros no parafuso. Geralmente, como se ilustra na Figura 27, as tremonhas são constituídas por: (1) uma secção de paredes paralelas em cima; (2) uma secção de paredes convergentes no meio; (3) uma secção de paredes paralelas em baixo, a qual serve para encaixar a tremonha no cilindro da extrusora. A seção transversal pode ser cilíndrica, quadrada ou rectangular.

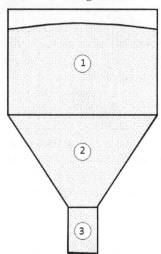

Figura 27- Geometria de uma tremonha.

A tremonha tem como funções principais: i) assegurar um débito uniforme de polímero sólido (grânulos ou pó) à extrusora; ii) estabelecer as condições do material em termos de pressão à entrada da extrusora e iii) definir o débito máximo possível do sistema.

Devido à existência de atrito entre o material sólido e as paredes da tremonha, e ao contrário do que acontece nos líquidos, quando a tremonha está cheia de grânulos ou pó a pressão ao longo da tremonha não aumenta linearmente. De facto, como se pode observar na Figura 28, a pressão aumenta até um valor máximo, mantendo-se constante, ou mesmo diminuindo, após esta distância à parte superior da tremonha.

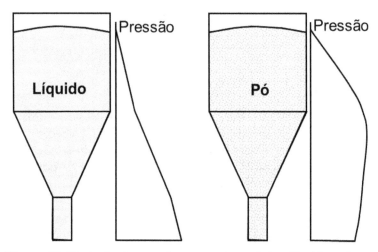

Figura 28- Variação da pressão com a altura de um líquido e de um pó.

A existência de atrito entre as partículas de polímero e entre estas e as paredes da tremonha, cuja consequência é a diminuição da pressão ao longo da tremonha, pode trazer alguns problemas ao fluxo de polímeros em Tremonhas. Na Figura 29 ilustram-se dois destes problemas: i) o arqueamento, devido ao fluxo em massa e ii) o efeito de tubo, devido ao fluxo em funil. Em ambos os casos, o valor absoluto do débito e a sua estabilidade são afectados. Estas questões, que ocorrem principalmente com materiais de fluxo mais difícil, podem ser minimizadas pela adopção de tremonhas com vibração ou com um parafuso incorporado no seu interior, processos que ajudam significativamente o fluxo.

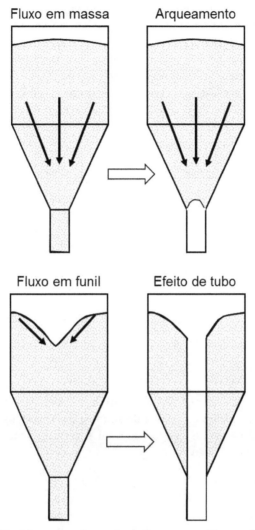

Figura 29- Problemas ao fluxo de polímeros em Tremonhas.

É a geometria da tremonha que determina o tipo de fluxo que se desenvolve e, como consequência, a estabilidade do processo, o débito máximo possível e a pressão no início da extrusora. Com um exemplo simples procura-se demonstrar a capacidade de débito de uma tremonha cónica com 70 mm de abertura, grânulos com 3 mm de diâmetro e material com densidade aparente de 600 kg/m³. Neste caso o débito é dado por:

$$Q = 0.58\rho_s \; g^{0.5}\left(D - K \, d_p\right)^{2.5} \tag{24}$$

Onde: D é o diâmetro da abertura, ρ é a densidade do material, d_p é o diâmetro dos grânulos de material, g é a aceleração da gravidade e k é uma constante (≈ 1.4). O débito obtido, Q, é de aproximadamente 4300 kg/hr. Verifica-se que este valor é pelo menos uma ordem de grandeza superior ao real para as dimensões definidas. Isto significa que, quando se abre completamente a tremonha, se desenvolve um perfil dinâmico de pressões e que, quando a tremonha está a trabalhar em conjunto com a extrusora, o perfil de pressões é quase-estático, uma vez que o débito real é muito menor.

6.2 Modelo de Janssen

De acordo com o modelo proposto por Janssen, em 1895, o perfil vertical de pressões (P) pode ser obtido fazendo o equilíbrio de forças actuando sobre um elemento de material contido numa coluna vertical de sólidos, obtém-se a expressão seguinte:

$$P = \frac{\rho_s \, g \, D\left\{1 - \exp\left[\left(\dfrac{K \, f_p' \, D}{4}\right)(h - H)\right]\right\}}{4 \, f_p' \, K} \tag{25}$$

Sendo: ρ a densidade do material, g a aceleração da gravidade, f_p' o coeficiente de atrito externo (junto à parede, ver equação 9), D o diâmetro da tremonha, H a altura da coluna de sólidos, h a cota considerada desde a base e K a razão entre as tensões normal e vertical (sendo, neste caso, a tensão vertical maior), dada por:

$$K = \frac{1 - \sin\beta_w}{1 + \sin\beta_w} \tag{26}$$

β_w é o ângulo de atrito externo. Com a equação 25 pode-se determinar de uma forma simples a diferença do perfil de pressões que se desenvolve quando se usam grânulos ou um líquido correspondente, tal como se ilustra na Figura 30. Verifica-se que no topo da coluna, isto é, quando h é igual a H, a pressão, P é 0; e quando h é 0, H tende para infinito, sendo a pressão máxima obtida de:

$$P_{max} = \frac{\rho \, g \, D}{4 f_p'} \tag{27}$$

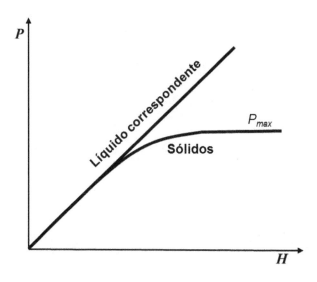

Figura 30- Perfil de pressões em tremonhas.

6.3 Modelo de Walker

Como se verificou anteriormente, numa coluna de partículas sólidas (grânulos ou pó) não existe proporcionalidade entre a altura do material na coluna e a pressão na base, desenvolvendo-se uma distribuição complexa de tensões no sistema, o qual depende da sua geometria e das propriedades das partículas (coeficientes de atrito polímero/paredes da tremonha e polímero/polímero).

A solução exacta deste problema, em termos da determinação das pressões desenvolvidas e do fluxo de material, é difícil de obter; assumindo-se normalmente que o fluxo é suficientemente lento, de modo que as partículas estão em contacto permanente e o momento transmitido pela colisão entre as partículas é desprezável (o que é uma assunção razoável dado o perfil quase-estático de pressões que se desenvolve, como se viu anteriormente) [RAU 86].

A secção transversal da tremonha pode ser circular ou quadrada, e para cada tipo de secção as paredes podem ser verticais ou convergentes. As equações de distribuição de pressão e de débito são deduzidas de acordo com essa geometria.

Tremonhas Verticais

Walker [WAL 66] derivou equações para tremonhas de paredes verticais, tendo para isso assumido um equilíbrio plástico num volume elementar de partículas sólidas. Considerando $b = H$ e $P = P_0$ (ver Figura 31) obtém-se a seguinte equação:

$$P = P_o \exp\left[\frac{2\,B\,(h-H)}{R}\right] + \frac{\rho_b g\,R}{2\,B}\left\{1 - \exp\left[\frac{2\,B\,(h-H)}{R}\right]\right\} \quad (28)$$

Sendo: ρ_b é a massa específica dos grânulos, g a aceleração da gravidade, R o raio da secção da tremonha (se a secção for circular), h a altura do elemento de sólidos relativamente à base, H a altura total da coluna de sólidos e B a razão entre a tensão de corte e a tensão normal junto à parede, dada por:

$$B = \frac{\sin\beta_e \sin\beta^*}{1 - \sin\beta_e \cos\beta^*} \quad (29)$$

em que:

$$\beta^* = \beta_w + \arcsin\left(\frac{\sin\beta_w}{\sin\beta}\right), \qquad \arcsin > \frac{\pi}{2} \quad (30)$$

Sendo: β_e o ângulo interno de atrito (polímero-polímero), β_w o ângulo externo de atrito (polímero-tremonha) e f'_P o coeficiente de atrito polímero-tremonha, ou seja (ver, também, a equação 9):

$$\beta_w = arctg\left(f'_P\right) \quad (31)$$

No caso de tremonhas de secção quadrada, de largura W, pode-se usar a equação 28 substituindo R por $W/2$:

$$P = P_o \exp\left[\frac{4\,B\,(h-H)}{W}\right] + \frac{\rho_b g\,W}{4\,B}\left\{1 - \exp\left[\frac{4\,B\,(h-H)}{W}\right]\right\} \quad (32)$$

Para secções rectangulares usa-se a mesma equação substituindo R pelo raio hidráulico, R_H:

$$R_H = \frac{2\ \ \text{Área da secção}}{\text{Perímetro}} \quad (33)$$

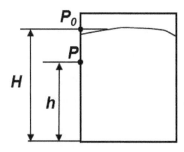

Figura 31- Tremonha de paredes verticais.

Tremonhas Convergentes

Como ilustrado na Figura 32, Walker [WAL 66] deduziu, também, equações para tremonhas de paredes convergentes. A distribuição de pressões é neste caso:

$$P = \left(\frac{h}{H}\right)^c P_o + \frac{\rho_b gh}{c-1}\left[1 - \left(\frac{h}{H}\right)^{c-1}\right], \text{ para } c \neq 1 \tag{34}$$

$$P = \frac{h}{H}P_o + \rho_b gh.\ln\left(\frac{h}{H}\right), \text{ para } c = 1 \tag{35}$$

Sendo que a constante c varia com o tipo de secção transversal da tremonha:

$$c = \frac{2B'}{tg\alpha}, \text{ para secções circulares} \tag{36}$$

e

$$c = \frac{B'}{tg\alpha}, \text{ para secções quadradas} \tag{37}$$

sendo: α o ângulo de inclinação das paredes da tremonha (Figura 32) e B' a razão entre a tensão de corte e a tensão normal junto à parede, dada por:

$$B' = \frac{\sin\beta_e \sin(2\alpha + \beta^*)}{1 - \sin\beta_e \sin(2\alpha + \beta^*)} \tag{38}$$

onde:

$$\beta^* = \beta_w + \arcsin\left(\frac{\sin\beta_w}{\sin\beta_e}\right), \quad \arcsin < \frac{\pi}{2} \tag{39}$$

Na Figura 33 mostra-se uma tremonha típica constituída por três segmentos geométricos distintos. Assumindo que todas as seções transversais são circulares, a pressão na sua base (P_3) será calculada de seguinte forma: i) usando a equação 28 calcula-se a pressão na base do primeiro segmento (P_1), assumindo que a pressão no topo é $P_0 = 0$; ii) calcula-se a pressão P_2 usando uma das equações 34 ou 35 (dependendo do valor de *c*), substituindo nesta equação P_0 pelo valor calculado anteriormente (P_1); iii) finalmente, calcula-se P_3 usando, novamente, a equação 28 e assumindo (nesta equação) que P_0 é o valor calculado na etapa anterior (P_2).

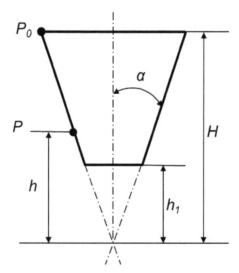

Figura 32- Tremonha de paredes convergentes.

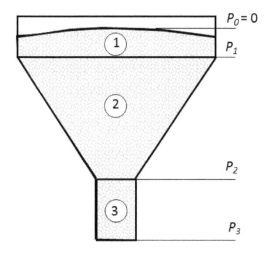

Figura 33- Processo de cálculo do perfil de pressões numa tremonha com três secções geométricas.

Cálculo do Débito

Os modelos existentes na literatura para o cálculo do débito em tremonhas foram alvo de uma revisão realizada por Shamlou [SHA 88]. O cálculo do débito é função da geometria do sistema e das dimensões das partículas, sendo que os modelos propostos para tremonhas de **paredes verticais** são baseados em análises dimensionais ou empíricas.

Brow e Richards [BRO 70] propõem duas equações empíricas, diferentes para o cálculo do débito em tremonhas com aberturas cilíndricas e quadradas. Para aberturas cilíndricas:

$$Q = \sqrt{\frac{2}{15}}\pi\,\rho_s\,g^{\frac{1}{2}}\left(D - k\,d_p\right)^{\frac{5}{2}}\Psi_c \tag{40}$$

e para aberturas quadradas:

$$Q = \sqrt{\frac{2}{3}}\rho_s\,g^{\frac{1}{2}}\,L\left(W - k\,d_p\right)^{\frac{3}{2}}\Psi_q \tag{41}$$

sendo: D o diâmetro e W a largura da tremonha, k uma constante relacionada com a forma das grânulos (pode ser considerada igual a 1, devido à grande dificuldade em o determinar), d_p o diâmetro médio das partículas, L a altura da tremonha e ψ_C, ψ_P são constantes empíricas, que na maior parte dos casos práticos podem ser consideradas iguais a 1.

Para **tremonhas de paredes convergentes** foram desenvolvidos modelos teóricos baseados na resolução da equação de Bernouli [SHA 88]. Nedderman et. al. [NED 82] desenvolveram equações para tremonhas de secção transversal circular e quadrada. Sendo que para tremonhas circulares obtiveram a equação seguinte:

$$Q = \frac{\pi}{4} \frac{\rho_s \, g^{1/2} \, D^{1/2}}{\sin^{1/2} \alpha} \left[\frac{1+K}{2(2k-3)} \right]^{1/2} \tag{42}$$

e para tremonhas quadradas:

$$Q = \frac{\rho_s \, g^{1/2} \, L \, W^{1/2}}{\sin^{1/2} \alpha} \left[\frac{1+K}{2(k-3)} \right]^{1/2} \tag{43}$$

sendo: α o ângulo de inclinação das paredes da tremonha e K a razão entre as tensões maiores e menores, inverso da equação 26.

6.4 Exercícios de Aplicação

1. Considere a tremonha representada na Figura 34. Determine a pressão na sua base.

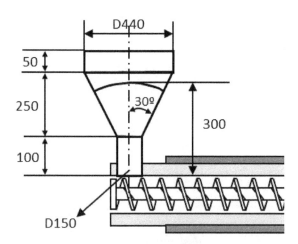

Figura 34- Dados geométricos da tremonha..

Dados do material:

- Massa específica do material na tremonha = 630 kg/m^3

- Coeficiente de atrito material-tremonha = 0.3

- Ângulo interno de atrito das partículas = 34°

- Altura total de material = 300 mm.

2. Represente graficamente o perfil de pressões ao longo da tremonha da Figura 35. Considere as mesmas propriedades do exercício anterior.

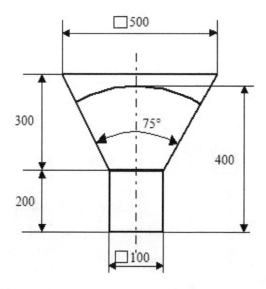

Figura 35- Dados geométricos da tremonha..

7 TRANSPORTE DE SÓLIDOS NO PARAFUSO

7.1 Introdução

Na modelação matemática desta zona assume-se, geralmente, que o polímero se comporta desde o início como um sólido elástico contínuo, tomando a forma rectangular do canal do parafuso. É, também, possível considerar que o que acontece nesta zona é um fluxo granular de sólidos soltos, ou seja, cada grânulo tem o seu próprio movimento resultante da colisão com os outros grânulos e com as paredes do canal [MIC 14]. Esta é de facto uma situação mais realista, no entanto devido à sua complexidade não será aqui considerada.

Como se verificou anteriormente, a eficiência do transporte de sólidos no canal do parafuso depende dos valores relativos entre os coeficientes de atrito partículas de polímero e as paredes do cilindro e do canal do parafuso, podendo acontecer duas situações extremas:

i) O polímero cola-se ao parafuso e escorrega sobre o cilindro: neste caso o débito é nulo.

ii) O polímero desliza sobre o parafuso e cola-se ao cilindro: neste caso o débito da extrusora é elevado.

Isto significa que para aumentar o débito de sólidos deve-se diminuir o coeficiente de atrito junto ao parafuso e aumentá-lo junto ao cilindro. Por isso, muitos cilindros são rasurados internamente, aumentando-se assim ainda mais o coeficiente de atrito. Além disso, o coeficiente de atrito é uma propriedade intrínseca do material que varia com a temperatura, a pressão e a velocidade - isto é, as condições de operação - afectando o desempenho do processo.

O efeito desta zona no desempenho da extrusora depende do seu comprimento longitudinal [BRO 72]. Se o processo é controlado pela capacidade da zona de bombagem, a zona de transporte de sólidos pode estar limitada às primeiras espiras do parafuso, e consequentemente a geração de pressões será desprezável. Quando se pretende que as extrusoras funcionem com uma zona de transporte de sólidos relativamente longa (arrefecendo eficientemente o cilindro nesta zona, por exemplo), a geração de pressões será mais elevada e a capacidade de débito da extrusora será aumentado. Nestes casos, em que a geração de pressões na zona de transporte de sólidos contribui significativamente para a geração total de pressões na extrusora, não é válido assumir que o processo é isotérmico, pois é gerada uma quantidade de calor considerável por atrito, principalmente na superfície do cilindro.

Os modelos teóricos que se apresentam de seguida permitem a previsão para esta zona: do consumo de potência mecânica, do débito, do perfil longitudinais de pressão e dos perfis longitudinal e transversal de temperaturas.

7.2 Modelo Isotérmico

Apresenta-se nestas notas o modelo proposto por Broyer e Tadmor [BRO 72], o qual foi desenvolvido a partir do trabalho inicial de Darnell e Mol [DAR 56]. No desenvolvimento deste modelo considera-se que:

- O material sólido se comporta desde o início como um sólido elástico;

- O bloco de sólidos contacta as quatro paredes do canal;

- A profundidade do canal é constante (no entanto, variações na profundidade do canal podem ser consideradas tomando pequenos incrementos de canal com profundidade diferente);

- Despreza-se o efeito da folga mecânica entre a crista do parafuso e a superfície interior do cilindro, ou seja: $D_p = D_e$;

- A distribuição de pressões é isotrópica, isto é, a pressão varia somente na direcção do comprimento do canal;

- A temperatura do material é constante e uniforme (mas, podem actualizar-se os valores considerando pequenos incrementos de canal);

- O bloco de sólidos move-se com velocidade uniforme em qualquer secção axial;

- Os coeficientes de atrito são constantes (independentes da pressão, temperatura e tempo) mas tem valores diferentes na superfície do cilindro e do parafuso;

- A massa específica do polímero é constante;

- As forças gravitacionais são desprezadas.

Pode-se ter em conta as variações da massa específica, dos coeficientes de atrito e de outras propriedades do material, com a temperatura e/ou pressão, desde que os cálculos se façam considerando pequenos incrementos axiais e se actualizem essas propriedades com os novos valores de temperatura e/ou pressão.

Assim, O débito volumétrico do bloco de sólidos (Q) pode ser expresso através do produto da velocidade axial do bloco de sólidos (V_{ba}) pela área efectiva da secção transversal (ver Figura 36):

$$Q = V_{ba}\left[\frac{\pi}{4}\left(D_c^2 - D_i^2\right) - \frac{e\,H}{\sin\bar{\theta}}\right] \tag{44}$$

Como se ilustra na Figura 36, o ângulo de transporte de sólidos (φ) é uma medida da diferença entre a velocidade do cilindro (V_c) e a do bloco de sólidos ao longo do canal (V_{bz}); sendo o ângulo φ inversamente proporcional àquela diferença, ou seja, corresponde ao ângulo do movimento dos sólidos se não existissem as paredes laterais do canal do parafuso. Neste caso: quando V_{bz} é igual a zero, ambos, Q_{bs} e φ são, também, zero; quando V_c é igual a V_{bz}, φ assume o seu valor máximo que é igual a 90°-θ_c.

Da Figura 37 sabe-se que:

$$\tan\varphi = \frac{V_{ba}}{V_c - V_{b\theta}} \tag{45}$$

e como $\tan\theta_c = \dfrac{V_{ba}}{V_{b\theta}}$, resulta da equação anterior:

$$\tan\varphi = \frac{V_{ba}}{V_c - \dfrac{V_{ba}}{\tan\theta_c}} \tag{46}$$

ou seja, resolvendo em ordem a V_{ba}:

$$V_{ba} = V_c \frac{\tan\varphi \tan\theta_c}{\tan\varphi + \tan\theta_c} \qquad (47)$$

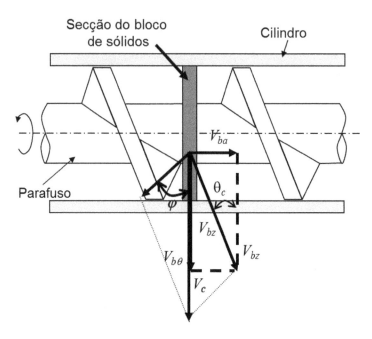

Figura 36- Componentes da velocidade do bloco de sólidos nas direcções do canal, direcção z (V_{bz}), axial (V_{ba}) e transversal ($V_{b\theta}$) e ângulo de transporte de sólidos (φ).

Como $V_c = \pi \, N \, D_c$ e $D_c^2 - D_i^2 = 4H(D_c - H)$, e substituindo a equação 47 na equação 44, o débito volumétrico do bloco de sólidos (Q) é expresso em função do ângulo de transporte de sólidos (φ), da velocidade de rotação do parafuso (N) e da geometria (e, H, D_c, e $\overline{\theta}$, ver capítulo 5):

$$Q = \pi^2 N \, H \, D_c (D_c - H) \frac{\tan\varphi \tan\theta_c}{\tan\varphi + \tan\theta_c}\left[1 - \frac{p\,e}{\pi(D_c - H)\sin\overline{\theta}}\right] \qquad (48)$$

Sendo p o número de entradas do parafuso, geralmente igual a 1.

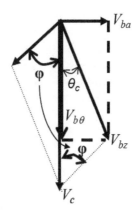

Figura 37- Esquema vectorial para a determinação de V_{ba}.

Para o cálculo do débito é necessário determinar o valor do ângulo φ. Para isso é essencial ter em conta a variação de pressão ao longo do canal, a qual pode ser obtida fazendo balanços de forças e momentos num elemento diferencial do bloco de sólidos, como se ilustra na Figura 38 [BRO 72].

F_1 é a força de atrito exercida sobre a superfície externa do bloco de sólidos, ou seja, o produto do coeficiente de atrito no cilindro (f_c) pela força normal aplicada, resultando esta última do produto da pressão (P) pela área onde a pressão é aplicada ($W_c\,dz$):

$$F_1 = f_c P W_c dz \tag{49}$$

F_3, F_4 e F_5 são as forças de atrito devidas ao contacto do bloco de sólidos com o parafuso:

$$F_3 = F_7 f_p$$
$$F_4 = F_8 f_p \tag{50}$$
$$F_5 = f_p P W_p dz$$

Sendo, neste caso, F_7 e F_8 forças normais exercidas pelos flancos do parafuso:

$$F_7 = P H dz + F^* $$
$$F_8 = P H dz \tag{51}$$

Foi adicionada à força F_7, exercida pelo flanco activo, uma força adicional desconhecida (F^*), a qual deverá ser determinada pela resolução simultânea das equações resultantes dos balanços de forças e momentos. Finalmente, F_2 e F_6 são as forças resultantes do gradiente de pressão na direcção do comprimento do canal (direcção z), cuja diferença entre elas (assumindo que a pressão aumenta nesta direcção) é calculada pelo produto da área média da secção pela diferença de pressões (dp) :

$$F_6 - F_2 = H\overline{W}dp \tag{52}$$

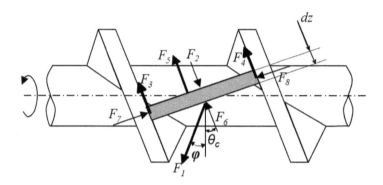

Figura 38- Balanço de forças e momentos.

Como referido, através da realização de balanços de forças e momentos:

$$\sum F_i = 0 \tag{53}$$

$$\sum M_i = 0 \tag{54}$$

e da resolução simultânea das equações resultantes é possível a eliminação da força adicional F^*, obtendo-se a relação seguinte:

$$\cos \varphi = K_p \sin \varphi + M \tag{55}$$

Onde:

$$M = 2\frac{Hf_p}{W_c f_c}\sin\theta_c\left(K_p + \frac{\overline{D}}{D}\cotg\,\overline{\theta}\right) + \frac{W_p f_p}{W_c f_c}\sin\theta_c\left(K_p + \frac{D_i}{D}\cotg\theta_p\right) +$$

$$\frac{\overline{W}\,H}{W_c Z_c f_c}\sin\overline{\theta}\left(K_p + \frac{\overline{D}}{D}\cotg\,\overline{\theta}\right)\ln\left(P_2/P_1\right) \tag{56}$$

e

$$K_p = \frac{\overline{D}}{D_c}\left(\frac{\sin\overline{\theta} + f_p\cos\overline{\theta}}{\cos\overline{\theta} - f_p\sin\overline{\theta}}\right) \tag{57}$$

Nestas equações: P_1 é a pressão no início da zona ($z=0$), P_2 é a pressão em z. Esta equação pode ser rearranjada na forma:

$$P_2 = P_1\exp\left(\frac{B_1 - A_1 K_p}{A_2 K_p + B_2}z\right) \tag{58}$$

onde, A_2, B_2 e K_P dependem da geometria e A_1 e B_1 dependem da geometria, dos coeficientes de atrito e do ângulo φ:

$$A_1 = f_c W_c \sin\varphi - \overline{W}\operatorname{tg}\alpha\sin\overline{\theta} + 2.H f_p \sin\theta_c +$$

$$W_p f_p \sin\theta_c\left(\cos\alpha + \frac{\sin\alpha}{f_p}\right) \tag{59}$$

$$A_2 = H\overline{W}\sin\overline{\theta} \tag{60}$$

$$B_1 = f_c W_c \cos\varphi + \overline{W}\operatorname{tg}\alpha\cos\overline{\theta}\frac{\overline{D}}{D_c} - 2\,H f_p\sin\theta_c\operatorname{cotg}\overline{\theta}\frac{\overline{D}}{D_c}$$

$$-W_p f_p\left(\cos\alpha + \frac{\sin\alpha}{f_p}\right)\sin\theta_c\,\operatorname{cotg}\theta_p\frac{D_p}{D_c} \tag{61}$$

$$B_2 = H\overline{W}\cos\overline{\theta}\frac{\overline{D}}{D_c} \tag{62}$$

Em que α é o ângulo de inclinação do canal (Figura 18) na zona de compressão (geralmente, como o transporte de sólidos acontece na zona geométrica de alimentação do parafuso, este valor é zero). Como se pode verificar pela equação 58, a variação da pressão na zona de transporte de sólidos no parafuso aumenta exponencialmente; este facto é ilustrado na Figura 39 onde se mostra a evolução da pressão ao longo de 10 espiras de um parafuso.

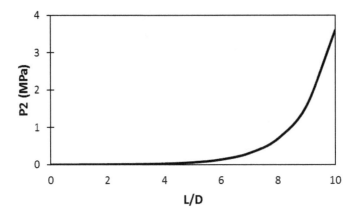

Figura 39- Variação exponencial da pressão ao longo de 10 espiras do parafuso para a zona de sólidos.

Na resolução de problemas para esta zona, duas situações diferentes podem surgir: i) o débito é conhecido e pretende-se determinar a variação de pressão e ii) sabe-se a variação de pressão e pretende-se calcular o débito. No primeiro caso, determina-se o valor de φ a partir da equação do débito (equação 48) calculando-se, por fim, P_2 usando a equação 58. No segundo caso é necessário resolver a equação 55 para determinar φ, cuja solução é dada por:

$$\sin\varphi = \frac{\sqrt{1 + K_P^2 - M^2} - K_P \, M}{1 + K_P^2} \tag{63}$$

valor que será inserido na equação 48 para o cálculo do débito.

A Figura 40, onde se mostra a evolução de uma medida do débito adimensional, $(\mathrm{tg}\varphi \, \mathrm{tg}\theta_c)/(\mathrm{tg}\varphi + \mathrm{tg}\theta_c)$, com os coeficientes de atrito calculado com o modelo apresentado, ilustra de uma forma clara o funcionamento da zona de transporte de sólidos. Desta figura resulta claramente que: i) o débito aumenta com f_c; ii) quando $f_c \approx f_p$ o débito é pequeno, mas uma pequena variação de f_c produz um variação significativa do débito e iii) quando $f_c \gg f_p$ o débito é elevado e estável. Esta análise permite concluir que, para se ter uma zona de sólidos estável, o cilindro e o parafuso devem ser maquinados de forma a que o coeficiente de atrito no cilindro seja duas a três vezes maior que o coeficiente de atrito na superfície do parafuso.

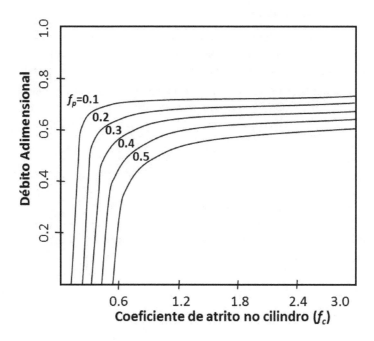

Figura 40- Variação exponencial da pressão ao longo de 10 espiras do parafuso para a zona de sólidos.

Uma análise da equação 48 (equação do débito) permite concluir que o débito é máximo quando o termo $(tg\varphi\ tg\theta_c)/(tg\varphi + tg\theta_c)$ é máximo, ou seja, a máquina deve operar com valores de φ elevados. Para que isso aconteça, pela equação 55, K_p e M devem ser pequenos.

M pequeno:

- A razão f_p/f_c deve ser minimizada, o acabamento superficial do parafuso deve ser superior ao do cilindro;

- A razão P_2/P_1 deve ser minimizada; isto significa que o mecanismo de transporte depende de P_1 (pressão na base da tremonha) e que o débito é máximo se P_2 for igual a P_1, *i.e.*, não houver geração de pressão, sendo a capacidade de transporte do parafuso é afectada pela necessidade de gerar pressão.

K_p pequeno:

- Neste caso, a razão D_i/D_c deve ser minimizada.

Verifica-se, também, que o débito aumenta linearmente com a velocidade de rotação do parafuso (N).

Consumo de potência

Um aspecto importante a ter em conta no desenho de extrusoras (ou de parafusos) é a energia consumida para fazer rodar o parafuso, ou seja, o consumo total de potência mecânica necessária para rodar o parafuso (e_w). Para a zona de transporte de sólidos esta potência é calculada pelo produto da força de atrito provocada pelo cilindro que actua no bloco de sólidos pela velocidade do cilindro na direcção do ângulo φ ($\pi N D_c \cos\varphi$). Essa força é o produto da pressão local com a área da interface que o bloco de sólidos faz com o cilindro ($f_c W_c P_2 \, dZ_c$) [BRO 72]:

$$de_w = \pi N D_c f_c W_c P_2 Z_c \cos\varphi \, dZ_c \tag{64}$$

onde P_2 é o perfil de pressões dado pela equação 58. A integração desta equação resulta em:

$$e_w = \pi N D_c f_c W_c P_m Z_c \cos\varphi \tag{65}$$

sendo P_m dado por:

$$P_m = \frac{P_2 - P_1}{\ln {P_2}\big/{P_1}} \tag{66}$$

Numa análise mais detalhada, sabe-se que a potência total é a soma das seguintes componentes:

$$e_w = e_{wc} + e_{wp} + e_{wf} + e_{wpre} \tag{67}$$

em que, e_{wc} é a potência dissipada na superfície do cilindro, e_{wp} é a potência dissipada na raiz do parafuso, e_{wf} é a potência dissipada nos flancos do parafuso e e_{wpre} é a potência devida ao gradiente de pressões ao longo do incremento axial. Cada um destes termos da potência pode ser calculado pelas equações seguintes:

$$e_{wc} = \pi N D_c f_c W_c P_m Z_c \frac{\sin\theta_c}{\sin(\theta_c + \varphi)} \tag{68}$$

$$e_{wp} = \pi N D_p f_p W_p P_m Z_c \frac{\sin\theta_c}{\sin(\theta_c + \varphi)} \frac{\sin\theta_c}{\sin\theta_p} \frac{tg\theta_c}{tg\theta_p} r_1 \tag{69}$$

$$e_{wf} = \pi N D_c f_p W_p P_m Z_c \frac{\sin\theta_c}{\sin(\theta_c + \varphi)} \frac{\sin\theta_c}{\sin\overline{\theta}}$$

$$\left[2H\frac{\sin\theta_c}{\sin\overline{\theta}} + f_c W_c \left(\sin\varphi\cos\overline{\theta} + \frac{D_c}{D}\cos\varphi\sin\overline{\theta} \right) + \atop W_p f_p \sin\theta_c \cos\overline{\theta} \left(1 - \cotg\theta_p \, tg\overline{\theta}\frac{D_p}{D} \right) \right] \quad (70)$$

$$e_{wpre} = \pi N D_c H\overline{W} \frac{\sin\theta_c}{\sin(\theta_c + \varphi)} \frac{\sin\theta_c}{\sin\overline{\theta}} P_m \ln\left(\frac{P_2}{P_1} \right) \quad (71)$$

onde:

$$r_1 \frac{1 - \dfrac{e}{S\cos\theta_p}}{1 - \dfrac{e}{S\cos\theta_c}} \quad (72)$$

7.3 Modelo Não-Isotérmico

Ignorar os efeitos de variação de temperatura, devido à geração de calor por atrito entre os grânulos de polímero e as superfícies do cilindro e parafuso, pode constituir uma grande limitação do modelo anterior, uma vez que não é possível determinar onde a zona de transporte de sólidos acaba. No modelo anterior considera-se que o transporte de sólidos acaba quando a temperatura no cilindro atinge a temperatura de fusão do material (ou cerca de 50° C acima da temperatura de transição vítrea para os polímeros amorfos), o que como se verificou poderá induzir erros consideráveis nos cálculos. Isto acontece porque o aumento da pressão nesta zona é exponencial, não sendo indiferente que a zona de sólidos acabe mais cedo. O modelo não-isotérmico permite calcular os perfis axiais e transversais de temperaturas no bloco de sólidos e, consequentemente, localizar o ponto a partir da qual a superfície do bloco de sólidos atinge a temperatura de fusão do polímero. Esta localização axial ocorre antes da prevista pelo modelo isotérmico, que é atingida quando a temperatura do cilindro for igual à temperatura de fusão do polímero.

Desprezando-se os fluxos de calor na raiz e flancos do parafuso, resulta um problema de transferência de calor transiente unidimensional (fluxo de calor perpendicular à superfície do cilindro). O calor gerado na superfície do cilindro varia com o tempo - t (ou com a localização axial no parafuso - z) e com a distância no bloco de sólidos - y. Pode definir-se um elemento diferencial do tempo – Δt – e outro da distância – Δy –, de modo a que:

$$\begin{cases} t = i\,\Delta t \\ y = j\,\Delta y \end{cases} \tag{73}$$

Ou seja, define-se uma malha onde o perfil de temperaturas no bloco de sólidos depende de dois parâmetros, i e j, sendo os cálculos efectuados por diferenças finitas. A Figura 41 ilustra a malha usada nos cálculos. A temperatura em qualquer ponto desta malha é obtida de:

$$T_{bs}(i+1, j) = \frac{1}{2}\left[T_{bs}(i, j+1) + T_{bs}(i, j-1)\right], \quad Y-1 \ge j \ge 0 \tag{74}$$

A convergência da solução acontece se os valores de Δt e Δy obedecerem à seguinte relação:

$$\alpha_s \frac{\Delta t}{\Delta y^2} = \frac{1}{2} \tag{75}$$

Sendo α_s a difusividade térmica do polímero sólido:

$$\alpha_s = \frac{k_s}{\rho_s\,C_s} \tag{76}$$

Nestas equações, T_{bs} é a temperatura do bloco de sólidos e Y é o número de incrementos em que a profundidade do canal (H) é dividida. O valor da temperatura do bloco de sólidos junto à superfície interior do cilindro, $T_{bs}(i,Y)$, é dado por:

$$T_{bs}(i, Y) = \frac{\dfrac{\Delta y}{k_s} q_c(i) + T_{bs}(i, Y-1) + \dfrac{k_b}{k_s}\dfrac{\Delta y}{b} T_c(i, b)}{1 + \dfrac{k_b}{k_s}\dfrac{\Delta y}{b}} \tag{77}$$

Sendo, k_s a condutividade térmica do polímero sólido, k_b a condutividade térmica do material do cilindro, b a distância no cilindro, desde a interface polímero-cilindro até à posição do termopar, $T_c(i,b)$ a temperatura do cilindro à distância b e $q_c(i)$ o calor gerado por unidade de superfície do cilindro, cujo valor é dado pela equação 68 a dividir pela superfície de contacto entre o cilindro e o bloco de sólidos ($\Delta z\, W_c$).

Embora se trate de um problema transiente, a extrusora opera em regime estacionário, isto é, o perfil de temperaturas é constante em cada secção considerada. Por este motivo, interessa obter o perfil de temperaturas ao longo da direcção z. Pode usar-se a equação seguinte para obter os valores da temperatura em função de Δz.

$$\Delta z = \frac{G}{\rho_s\, A}\, \Delta t \tag{78}$$

em que G é o débito mássico e A é a área da secção transversal do canal ($W_c\, H$).

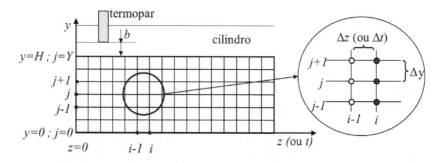

Figura 41- Malha de diferenças finitas usada nos cálculos.

O cálculo é efectuado tendo em conta a malha definida na Figura 41, assumindo que são conhecidos: i) a temperatura para $z=0 - T_{bs}(0,j)$ e ii)a temperatura no cilindro à distância b da sua superfície interior, *i.e.*, $y=H+b - T_c(i,b)$ – tal como dado pela equação 77. Assim, o procedimento de cálculo é o seguinte:

i) Divide-se H num número fixo de intervalos, Y, obtendo-se Δy;

ii) Determina-se Δt usando a equação 75;

iii) Determina-se $T_{bs}(i,Y)$ usando a equação 77;

iv) Para cada intervalo Δy calcula-se a temperatura $T_{bs}(i+1,j)$ usando a equação 74;

v) Os intervalos de tempo Δt são transformados em Δz usando a equação 78.

7.4 Modelo Numérico

O perfil de temperatura no bloco de sólidos pode ser calculado através da resolução da equação de energia, a qual depende:

- Da convecção de calor ao longo do canal devido ao movimento de polímero na direcção z;

- Da condução de calor, na direcção y, devido aos gradientes de temperatura;

- Da condução de calor na direcção transversal do canal, direcção x.

Este último termo pode ser desprezado dado que é muito menor quando comparado com os outros dois. Assim, o perfil de temperatura ao longo do canal do parafuso pode ser descrito pela equação seguinte, onde o termo à esquerda representa a convecção de calor e o termo à direita representa a condução de calor.

$$V_{sz} \frac{\partial T(y)}{\partial z} = \alpha_s \frac{\partial^2 T(y)}{\partial y^2} \tag{79}$$

V_{sz} é a velocidade do bloco de sólidos na direcção z, $T(y)$ é o perfil de transversal temperaturas (direcção y) e α_s é a difusividade térmica do bloco de sólidos. De notar que nesta equação e nas seguintes (com o objectivo de simplificar a escrita) a temperatura T representa a temperatura no bloco de sólidos (T_{bs}), como designada anteriormente.

Na Figura 42 mostram-se os fluxos de calor devido ao atrito existente nas diferentes superfícies usando um elemento diferencial do canal. Os fluxos de calor através dos flancos são geralmente desprezados nos cálculos [TAD 72]. Todavia, a geração de calor na raiz do parafuso será tida em conta com o objectivo de definir a localização do canal onde o polímero atinge a temperatura de fusão, local onde a segunda parte da zona de atraso começa (como se verá na seção seguinte).

Assim, pode-se resolver a equação anterior usando diferenças finitas e considerando os fluxos de calor (por unidade de superfície) definidos pelas equações 68 e 69 a dividir pelas superfícies onde actuam ($W_c \Delta z$ e $W_s \Delta z$, respectivamente). O calor gerado na superfície do cilindro é dissipado através de dois fluxos em simultâneo, um na direcção dos sólidos e o outro na direcção do cilindro [TAD 72]:

$$q_c = -k_s \left. \frac{\partial T(y)}{\partial y} \right|_{y=H} + k_b \left. \frac{\partial T(y)}{\partial y} \right|_{cilindro} \tag{80}$$

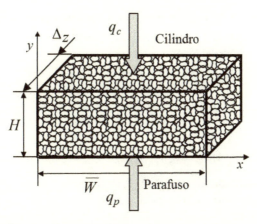

Figure 42- Fluxos de calor devido ao atrito num elemento diferencial de sólidos.

O cálculo do fluxo de calor por condução no cilindro é realizado usando o valor da temperatura do cilindro (T_c), o qual é obtido à distância b através da interface e tendo em conta um perfil de temperaturas linear ao longo da espessura do cilindro (ver Figura 41):

$$\left.\frac{\partial T(y)}{\partial y}\right|_{cilindro} = \frac{T_c - T}{b} \tag{81}$$

onde T é a temperatura da interface interior do cilindro.

É mais difícil de calcular o fluxo de calor no parafuso, uma vez que a temperatura do parafuso não é conhecida. Também se pode considerar que a temperatura na superfície do parafuso (T_p) é constante (por exemplo, igual à temperatura de entrada do polímero - T_{s0}) ou, então, considerar a existência de um parafuso adiabático. Neste caso, o fluxo de calor é dado por:

$$q_p = k_p \left.\frac{\partial T(y)}{\partial y}\right|_{y=0} \tag{82}$$

onde k_p é a condutividade térmica do parafuso (metal).

A Equação 79 pode ser resolvida usando um método de diferenças finitas implícito como, por exemplo, o método de Crank-Nicolson, juntamente com as condições de fronteira definidas no cilindro (equação 81) e na raiz do parafuso (equação 82). O elemento diferencial na direcção y (Δy) será independente da direcção z (Δz) [TAD 72, MIT 80]. O canal do parafuso é preenchido com uma malha rectangular com lados paralelos aos eixos y e z (Figura 41); sendo Δy e Δz o espaçamento da malha (ou dos elementos diferenciais) nas direcções y e z, respectivamente. As coordenadas dos pontos na malha (Y, Z) são dadas por:

$$\begin{cases} Y = j\ \Delta y \\ Z = i\ \Delta z \end{cases} \tag{83}$$

Com $i = 0, 1, \ldots M$ e $j = 0, 1, \ldots, N$.

A discretização da equação 79 é feita usando uma aproximação por diferenças centrais, obtendo-se para as derivadas de primeira ordem:

$$\left.\frac{\partial T}{\partial z}\right|_{i,j} = \frac{T_{i,j} - T_{i-1,j}}{\Delta z} \tag{84}$$

$$\left.\frac{\partial T}{\partial y}\right|_{i,j} = \frac{T_{i,j+1} - T_{i,j-1}}{2\,\Delta y} \tag{85}$$

Usando o método de Crank-Nicolson para as derivadas de segunda ordem obtém-se:

$$\left.\frac{\partial^2 T}{\partial y^2}\right|_{i,j} = \frac{1}{2}\left[\frac{T_{i,j+1} - 2\,T_{i,j} + T_{i,j-1}}{\Delta y^2} + \frac{T_{i-1,j+1} - 2\,T_{i-1,j} + T_{i-1,j-1}}{\Delta y^2}\right] \tag{86}$$

A Figura 41 mostra os seis pontos envolvidos nestes cálculos para a determinação da temperatura no ponto $T(i,j)$. Substituindo na equação 79 e rearranjando:

$$-\frac{\alpha_s}{2\,\Delta y^2}T_{i,j-1} + \left(\frac{V_{sz}}{\Delta z} + \frac{\alpha_s}{\Delta y^2}\right)T_{i,j} - \frac{\alpha_s}{2\,\Delta y^2}T_{i,j+1} =$$
$$\frac{\alpha_s}{2\,\Delta y^2}\left(T_{i-1,j-1} - 2\,T_{i-1,j} + T_{i-1,j+2}\right) + \frac{V_{sz}}{\Delta z}T_{i-1,j} \tag{87}$$

Sendo que as temperaturas do lado esquerdo da equação são desconhecidas e as do lado direito foram calculadas na etapa anterior, ou correspondem à temperatura inicial para $z=0$ ($i=0$).

Substituindo j por 1, 2, $\ldots$, N-1 obtém-se um sistema de equações que pode ser colocado na forma matricial, o qual pode ser resolvido usando, por exemplo, o método de eliminação de Gauss com escolha parcial de pivot.

$$A\,T = B \tag{88}$$

$$A = \begin{bmatrix} -\dfrac{\alpha_s}{2\,\Delta y^2} & \dfrac{V_{sz}}{\Delta z} + \dfrac{\alpha_s}{\Delta y^2} & -\dfrac{\alpha_s}{2\,\Delta y^2} & 0 & 0 \\[2mm] 0 & -\dfrac{\alpha_s}{2\,\Delta y^2} & \dfrac{V_{sz}}{\Delta z} + \dfrac{\alpha_s}{\Delta y^2} & -\dfrac{\alpha_s}{2\,\Delta y^2} & 0 \\[2mm] \dots & \dots & \dots & \dots & \dots \\ \dots & \dots & \dots & \dots & \dots \\ 0 & 0 & -\dfrac{\alpha_s}{2\,\Delta y^2} & \dfrac{V_{sz}}{\Delta z} + \dfrac{\alpha_s}{\Delta y^2} & -\dfrac{\alpha_s}{2\,\Delta y^2} \end{bmatrix} \tag{89}$$

$$T^T = \begin{bmatrix} T_{i,0} & T_{i,1} & \dots & T_{i,N-1} & T_{i,N} \end{bmatrix} \tag{90}$$

$$B = \begin{bmatrix} \dfrac{\alpha_s}{2\,\Delta y^2}\left(T_{i-1,0} - 2\,T_{i-1,1} + T_{i-1,2}\right) + \dfrac{V_{sz}}{\Delta z}\,T_{i-1,1} \\[3mm] \dfrac{\alpha_s}{2\,\Delta y^2}\left(T_{i-1,1} - 2\,T_{i-1,2} + T_{i-1,3}\right) + \dfrac{V_{sz}}{\Delta z}\,T_{i-1,2} \\[3mm] \dots \\[2mm] \dfrac{\alpha_s}{2\,\Delta y^2}\left(T_{i-1,N-3} - 2\,T_{i-1,N-2} + T_{i-1,N-1}\right) + \dfrac{V_{sz}}{\Delta z}\,T_{i-1,N-2} \\[3mm] \dfrac{\alpha_s}{2\,\Delta y^2}\left(T_{i-1,N-2} - 2\,T_{i-1,N-1} + T_{i-1,N}\right) + \dfrac{V_{sz}}{\Delta z}\,T_{i-1,N-1} \end{bmatrix} \tag{91}$$

Este sistema possui N-2 equações e N incógnitas, sendo necessárias duas novas equações que resultam das equações 80 e 82:

$$-\frac{k_s}{2\Delta y}T_{i,N-2} + \left(\frac{k_s}{2\Delta y} + \frac{k_b}{b}\right)T_{i,N} = -\frac{k_b}{b}T_c - q_c \tag{92}$$

$$\frac{k_s}{2\Delta y}T_{i,0} - \frac{k_s}{2\Delta y}T_{i,2} = q_p \tag{93}$$

A importância de poder prever o aumento de temperatura do bloco de sólidos na interface com a superfície do cilindro é mostrada nas Figuras 43 e 44.

A Figura 43 ilustra uma situação onde a temperatura inicial do bloco de sólidos é de 27°C e a temperatura do cilindro é de 70°C. Verifica-se que ao fim de um comprimento axial de 0.09 m a temperatura na interface atinge a temperatura de fusão do material (110°C), apesar da temperatura média ser menor que 50°C. No entanto, devido a estas condições, a zona de transporte de sólidos acaba neste ponto, uma vez que o polímero na interface começa a fundir. Sem a possibilidade de calcular estra temperatura na interface não se poderia prever o fim desta zona, onde a pressão cresce exponencialmente (atingindo neste caso cerca de 35kPa).

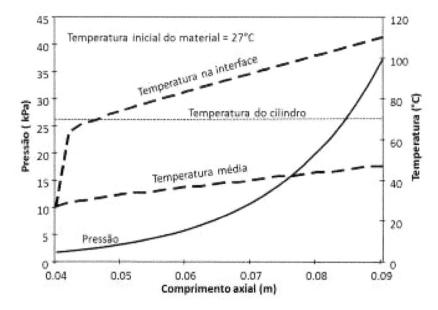

Figure 43- Evolução da temperatura e pressão ao longo do parafuso.

A Figura 44 mostra a evolução da temperatura na interface e a pressão para vários valores do coeficiente de atrito no cilindro. Pode-se verificar que quando os coeficientes de atrito nas superfícies do parafuso e cilindro são iguais (e baixos) a temperatura na interface nunca atinge a temperatura de fusão e a pressão cresce muito pouco. Na situação oposta, mantendo o coeficiente de atrito na superfície do parafuso constante e aumentado consideravelmente o coeficiente de atrito na superfície do cilindro, a pressão cresce consideravelmente e, simultaneamente, o comprimento da zona é muito curto, dado que a temperatura de fusão é atingida rapidamente na interface do bloco de sólidos com o cilindro.

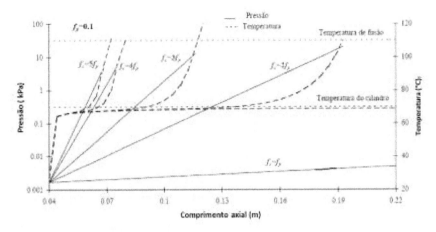

Figure 44- Evolução da temperatura e pressão ao longo do parafuso para vários valores dos coeficientes de atrito.

7.5 Exercícios de Aplicação

1. O conjunto extrusora/cabeça de extrusão representado na Figura 45, produz varão em HDPE (temperatura de fusão de 130°C) a um débito de 173 kg/hr e com uma velocidade de rotação do parafuso de 60 rpm.

Determine a potência consumida na zona de transporte de sólidos.

Notas: i) antes de iniciar os cálculos, exponha a metodologia para a resolução do problema; ii) a tremonha utilizada é igual à do exercício 1 do capítulo anterior.

Dados do material:

Massa específica do material na alimentação= 630 kg/m³;
Massa específica do material sólido= 940 kg/m³;
Coeficiente de atrito material/tremonha = 0.29;
Coeficiente de atrito material/parafuso = 0.24;
Coeficiente de atrito material/cilindro = 0.4;
Ângulo interno de atrito das partículas = 34°.

Parafuso:

Passo quadrado;
D= 60 mm;
Taxa de compressão=2,8;
Largura dos filetes=5mm.

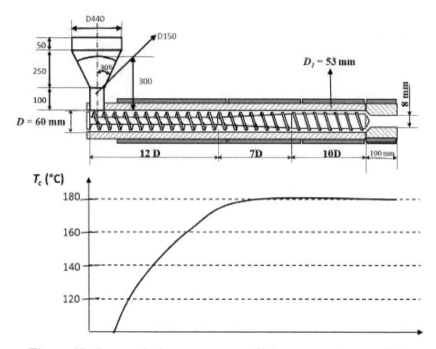

Figure 45- Geometria da extrusora e perfil de temperaturas no cilindro.

8 ZONA DE ATRASO

8.1 Introdução

Tendo em conta o que se referiu no capítulo 3, verifica-se que a fusão do polímero na extrusora não é instantânea, ocorre gradualmente ao longo do parafuso. Tal como foi observado experimentalmente por Maddock [MAD 59] e Tadmor *et al.* [TAD 67], a fusão do polímero processa-se em duas etapas (Figura 46):

1. O polímero que está em contacto com o cilindro funde devido à geração de calor por atrito e/ou ao calor conduzido do cilindro, formando um filme de fundido na interface cilindro-polímero sólido. De seguida, o filme de fundido vai aumentando a sua espessura (Figura 46-a).
2. Forma-se, de seguida, um poço de fundido junto ao flanco activo da secção do canal. Este poço de fundido vai alargando progressivamente até ao material ficar todo fundido (Figura 46-b).

A primeira etapa é geralmente conhecida por zona de atraso e caracteriza-se pelo aumento da espessura do filme de fundido formado entre o cilindro e o bloco de sólidos. Existem, pelo menos, duas causas para este mecanismo [AGA 96, TAD 67, KAC 72]. O material fundido inicialmente, em vez de se acumular junto do flanco, penetra e preenche os espaços entre os grânulos, atrasando o aumento de espessura do filme. Após a formação do filme, o mecanismo de fusão só começará quando a espessura do filme fundido exceder a espessura da folga entre a crista do parafuso e o cilindro. Geralmente, a espessura do filme cresce bastante para além do valor da folga (cerca de cinco a sete vezes), até que exista pressão suficiente no canal capaz de empurrar e deformar o bloco de sólido contra

71

o flanco passivo [KAC 72, AGA 96].

No entanto, tendo em conta que existe dissipação de calor por atrito junto às paredes do parafuso, também se verifica (em determinada localização do canal) a formação de filmes de fundido junto à raiz e flancos do parafuso, como se ilustra na Figuras 46-c e 46-d. Assim, neste capítulo serão apresentados três modelos que consideram estas diferenças. Inicialmente serão apresentados dois modelos analíticos. O primeiro considera somente a existência de um filme de fundido na interface bloco de sólidos/cilindro, situação (a) da Figura 46, o qual evolui para um poço de fundido, situação (b). O segundo que considera a existência de filmes de fundido rodeando o bloco de sólidos, situação (c), o qual evolui para a situação (d). Finalmente, será apresentado um modelo numérico que considera uma situação mais realista: i) a formação de um filme de fundido junto ao cilindro, situação (a), a qual se designará por zona de Atraso I; ii) a formação de filmes de fundido junto às paredes do parafuso, situação (c), designada por zona de Atraso II; iii) a formação de um poço de fundido, situação (d). Em todos os casos, os modelos que tem em conta a existência do poço de fundido, situações (b) e (d), somente serão consideradas no capítulo seguinte – zona de fusão.

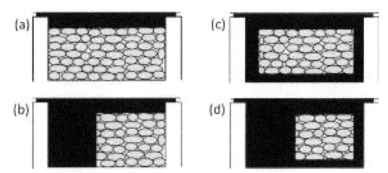

Figura 46- Formação dos filmes e do poço de fundido.

8.2 Modelos Analíticos

Filme de fundido junto ao cilindro

Kacir e Tadmor [KAC 72] desenvolveram um modelo analítico que permite calcular os perfis de espessura do filme de fundido e de pressão ao longo do canal, tendo em conta a situação (a) identificada na Figura 49. A espessura (δ) do filme de fundido aumenta até provocar uma pressão no bloco de sólidos que o deforma e empurra para o flanco passivo do filete, criando-se o poço de fundido. Isto significa que a pressão local (ΔP) excede a "pressão de cedência" do bloco coeso de grânulos sólidos (P_c) [AGA 89].

$$\Delta P = \frac{6\,\eta\,V_c}{\sin\overline{\theta}}\,\frac{\delta - \delta_f}{\dfrac{\delta_f^3}{e} + \dfrac{\delta^3}{\overline{W}}} \tag{94}$$

Sendo, η a viscosidade aparente.

Para se calcularem os perfis de espessura do filme e de pressão é necessário, em primeiro lugar, determinar o comprimento da zona de atraso. Para o efeito, verificou-se experimentalmente para vários termoplásticos [TAD 70] que o número de espiras de atraso, n_{At}, é função do parâmetro Ψ (parâmetro adimensional de fusão que será apresentado no capítulo seguinte):

$$n_{At} = E_0 + E_1\left(\frac{1}{\Psi}\right) + E_2\left(\frac{1}{\Psi}\right)^2 \tag{95}$$

em que E_0, E_1 e E_2 são constantes empíricas determinadas com base em dados experimentais resultantes desses estudos de visualização. Na prática verifica-se que o comprimento do canal da zona de atraso é aquele correspondente ao necessário para que a espessura do filme seja cinco a sete vezes superior à da folga mecânica, como se ilustra no gráfico da Figura 47.

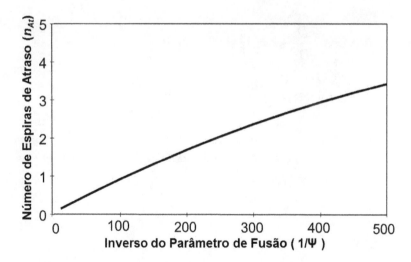

Figura 47- Formação dos filmes e do poço de fundido.

O perfil de pressões nesta zona é semelhante ao obtido para a zona de transporte de sólidos, onde a força de atrito $F1$, que actua na superfície do cilindro, é agora substituída por uma força viscosa. A força viscosa é dada por $F_1 = \tau A$, sendo $\tau = \eta \dot{\gamma}$ e $\dot{\gamma} = V / \delta$, substituindo resulta que $F_1 = (\eta V A) / \delta$; finalmente a área de aplicação da força é $A = W_c\, dz$, ou seja:

$$F_1 = \frac{\eta}{\delta} W_c\, V_c\, dz \qquad (96)$$

Um balanço de forças e momentos, tal como realizados na zona de transporte de sólidos, produz a equação seguinte:

$$P_2 = P_1 \exp\left(\frac{B_1' - A_1'\, K_p}{A_2\, K_p + B_2}\, z \right) +$$
$$\frac{\tau W_c \left(\cos \overline{\theta} \right) - K_p \sin \overline{\theta}}{B_1' - A_1'\, K_p} \left\{ \exp\left(\frac{B_1' - A_1'\, K_p}{A_2\, K_p + B_2}\, z \right) - 1 \right\} \qquad (97)$$

sendo:

$$A_1' = \overline{W} tg\alpha \sin \overline{\theta} + 2.H f_p \sin\theta_c + W_p f_p \sin\theta_c \left(\cos\alpha + \frac{\sin\alpha}{f_p} \right) \qquad (98)$$

$$B_1 = \overline{W} tg\alpha \cos\overline{\theta} \frac{\overline{D}}{D_c} - 2 H f_p \sin\theta_c \cotg\overline{\theta} \frac{\overline{D}}{D_c}$$
$$- W_p f_p \left(\cos\alpha + \frac{\sin\alpha}{f_p} \right) \sin\theta_c\, \cotg\theta_p \frac{D_p}{D_c} \qquad (99)$$

Onde, A_2, B_2 e K_p são dados pelas equações 60, 62 e 57, respectivamente (ver capítulo anterior), e τ é a tensão de corte, calculada a uma temperatura e taxa de corte médias ($\overline{\dot{\gamma}}$):

$$\overline{\dot{\gamma}} = \frac{V_c \sin\theta_c}{\delta \sin\left(\theta_c + \varphi\right)} \qquad (100)$$

No cálculo do consumo de potência para esta zona usam-se as equações da zona de transporte de sólidos, excepto no que se refere à interface do bloco de sólidos com o cilindro, sendo o consumo de potência total (e'_w) e a potência dissipada na superfície do cilindro (e'_{wc}), dadas, respectivamente, por (ver, também, as equações 67 e 68):

$$e'_w = e'_{wc} + e_{wp} + e_{wf} + e_{wp} \qquad (101)$$

$$e_{wc} = \pi N D_c \tau W_c Z_c \frac{\sin \theta_c}{\sin(\theta_c + \varphi)} \qquad (102)$$

Bloco de sólidos rodeado por filmes de fundido

Uma alternativa é considerar que o bloco de sólidos está rodeado por filmes de fundido (Figura 46-c). Este modelo foi proposto por Chung [CHU 71, CHU 75], no qual considerou que o movimento do bloco de sólidos é controlado por forças de corte nos filmes de material fundido (em vez das forças de atrito durante as primeiras espiras do parafuso, quando só existem sólidos). Sendo F_1 obtido da equação 96 e F_3, F_4 e F_5 de:

$$F_3 = F_4 = \frac{\eta}{\delta} V_{cz} H dz \qquad (103)$$

$$F_5 = \frac{\eta}{\delta} W_p dz \qquad (104)$$

Através de balanços de forças e momentos, o perfil de pressões é, neste caso:

$$\frac{P_2 - P_1}{Z_c} = \frac{C_1 K_c}{H \delta^n} \left[\frac{\sin \theta_c}{\sin(\theta_c + \varphi)} \pi ND \right]^{n_c}$$

$$(C_1 \cos \theta_c \cos \varphi - \sin \theta_c \sin \varphi) - \frac{K_p}{\delta^n} \left[\frac{\sin \varphi}{\sin(\theta + \varphi)} \pi ND \right]^{n_p} \qquad (105)$$

$$\left[\frac{C_2}{H} \left(\frac{C_2}{C_1} \right)^{n_p} (\sin^2 \theta + C_2 \cos^2 \theta) + \frac{2}{\pi D \sin \theta} \left(\frac{1}{C_1} \right)^{n_p} \right]$$

onde:

$$C_1 = \frac{1}{1 - \dfrac{H}{D_c}}$$

(106)

$$C_2 = \frac{1 - 2\dfrac{H}{D_c}}{1 - \dfrac{H}{D_c}}$$

(107)

e K_c, n_c, K_p e n_p são constantes da lei da potência para os filmes junto ao cilindro e junto ao parafuso, respectivamente.

8.2 Modelo Numérico

Em princípio, dependendo das condições operatórias, particularmente a temperatura do parafuso, é possível que o polímero junto das superfícies de parafuso (paredes e raiz) atinja a temperatura de fusão durante a zona de atraso. Como se ilustra na Figura 46, nos flancos e raiz do parafuso há, também, dissipação por atrito, com um consequente aumento gradual da temperatura do polímero sólido. Portanto, a zona de atraso pode ter duas fases (Figura 46-a e 46-c), ou seja, a partir de uma localização específica em diante formam-se filmes de fundido junto de todas as superfícies do parafuso. No modelo aqui proposto considera-se que estas duas fases ocorrem sequencialmente. A primeira designa-se por Zona de Atraso I (Figura 46-a) e a segunda Zona de Atraso II (Figura 46-c).

Zona de Atraso I

Como se mostra na Figura 48, o bloco de sólidos (secção A) está em contacto com as paredes e a raiz do parafuso, onde a temperatura local aumenta devido à dissipação de calor por atrito. Esse mecanismo acaba quando o polímero, localmente, atinge a temperatura de fusão. Simultaneamente, o polímero sólido continua a fundir na interface dos sólidos com o filme de fundido (secção C, na Figura 48), sendo que o cilindro aquecido e as taxas de corte intensas que ocorrem no filme C contribuem significativamente para este processo.

O modelo analítico proposto por Kacir e Tadmor [KAC 72], e apresentado na secção anterior, permite o cálculo do perfil de espessura do filme, do consumo de potência mecânica, do comprimento da zona e do perfil longitudinal de pressões (direcção z). No modelo aqui apresentado serão consideradas a:

1. Convecção de calor na direcção do canal,

2. Condução de calor na direcção radial,

3. Convecção de calor na direcção radial.

Assim, será possível calcular os perfis de temperatura e no bloco de sólidos na direcção y. Para isso consideram-se as simplificações seguintes:

- O bloco de sólidos é um meio contínuo e isotrópico;

- O fluxo de fundido sobre a folga é desprezado;

- O polímero fundido é tratado como um líquido viscoso inelástico;

- O fluxo atinge um estado estacionário;

- A interface sólido-fundido é suave;

- O fluxo do filme de fundido está totalmente desenvolvido nas direcções do canal e transversal ao canal (i.e., $\partial V_x / \partial x = 0$ and $\partial V_z / \partial z = 0$);

- As forças gravitacionais e de inércia são desprezadas.

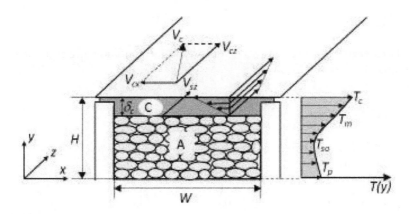

Figura 48- Secção transversal para a Zona de Atraso I, onde se mostram os perfis de velocidade no filme e no cilindro, a velocidade média do bloco de sólidos e o perfil de temperaturas na direcção y.

Filme de fundido

As equações de momento e energia são as seguintes [ELB 84, LEE 90, HUA 93, HAN 96]:

$$\frac{\partial P}{\partial x} = \frac{\partial}{\partial y}\left(\eta \frac{\partial V_x}{\partial y}\right) \tag{108}$$

$$\frac{\partial P}{\partial y} = 0 \tag{109}$$

$$\frac{\partial P}{\partial z} = \frac{\partial}{\partial y}\left(\eta \frac{\partial V_z}{\partial y}\right) \tag{110}$$

$$\rho_m \, C_m \, V_z(y)\frac{\partial T}{\partial z} = k_m \frac{\partial^2 T}{\partial y^2} + \eta \, \dot{\gamma}^2 \tag{111}$$

onde ρ_m, C_m e k_m são a massa específica, o calor específico e a condutividade térmica do fundido, respectivamente, e η é a viscosidade que poderá ser calculada através de um dos modelos apresentados anteriormente com a taxa de corte calculada da seguinte forma:

$$\dot{\gamma} = \left[\left(\frac{\partial V_x}{\partial y}\right)^2 + \left(\frac{\partial V_z}{\partial y}\right)^2\right]^{1/2} \tag{112}$$

Uma vez que o fluxo na folga é desprezado, o fundido sofre recirculação na direcção x, obtendo-se:

$$\int_0^{\delta_C} V_x(y)\, dy = 0 \tag{113}$$

sendo δ_C a espessura do filme de fundido. As condições fronteira a considerar são:

$$\begin{cases} V_x(y=0)=0 \\ V_x(y=\delta_C)=-V_{cx} \end{cases} \quad \begin{cases} V_z(y=0)=V_{sz} \\ V_z(y=\delta_C)=V_{cz} \end{cases} \quad \begin{cases} T(y=0)=T_m \\ T(y=\delta_C)=T_c \end{cases} \tag{114}$$

A resolução de equações 108, 110, 111 e 112, juntamente com as condições fronteira 114, permite calcular os campos de velocidade e temperatura no filme de fundido. A malha a usar é semelhante àquela que se ilustra na Figura 41 da secção anterior, onde a coordenada y varia entre $y=0$ (na interface sólido-fundido) e $y=\delta_c$ (a espessura do filme). As equações são não-lineares, uma vez que a viscosidade depende da temperatura e do campo de velocidade, sendo necessário usar uma discretização específica por diferenças finitas [MIT 80, ZIE 83]. A solução das equações 108 e 110 pode ser obtida usando o esquema implícito de Crank-Nicholson.

$$\frac{\partial P}{\partial x} = \frac{1}{2}\left[\frac{\eta_{i-1,j+\frac{1}{2}} Vx_{i-1,j+1} - \left(\eta_{i-1,j+\frac{1}{2}} + \eta_{i-1,j-\frac{1}{2}}\right) Vx_{i-1,j} + \eta_{i-1,j-\frac{1}{2}} Vx_{i-1,j-1}}{\Delta y^2} + \right.$$
$$\left. \frac{\eta_{i,j+\frac{1}{2}} Vx_{i,j+1} - \left(\eta_{i,j+\frac{1}{2}} + \eta_{i,j-\frac{1}{2}}\right) Vx_{i,j} + \eta_{i,j-\frac{1}{2}} Vx_{i,j-1}}{\Delta y^2} \right] \tag{115}$$

$$\frac{P_{i,j} - P_{i-1,j}}{\Delta z} = \frac{1}{2}\left[\frac{\eta_{i-1,j+\frac{1}{2}} Vz_{i-1,j+1} - \left(\eta_{i-1,j+\frac{1}{2}} + \eta_{i-1,j-\frac{1}{2}}\right) Vz_{i-1,j} + \eta_{i-1,j-\frac{1}{2}} Vz_{i-1,j-1}}{\Delta y^2} + \right.$$
$$\left. \frac{\eta_{i,j+\frac{1}{2}} Vz_{i,j+1} - \left(\eta_{i,j+\frac{1}{2}} + \eta_{i,j-\frac{1}{2}}\right) Vz_{i,j} + \eta_{i,j-\frac{1}{2}} Vz_{i,j-1}}{\Delta y^2} \right] \tag{116}$$

onde $\eta_{i-1,j+\frac{1}{2}}$ é a viscosidade calculada usando a média da taxa de corte e temperatura dadas por:

$$\dot{\gamma} = \left[\left(\frac{Vx_{i-1,j+1} - Vx_{i-1,j}}{\Delta y}\right)^2 + \left(\frac{Vz_{i-1,j+1} - Vz_{i-1,j}}{\Delta y}\right)^2 \right]^{\frac{1}{2}} \tag{117}$$

$$T = \frac{T_{i-1,j+1} + T_{i-1,j}}{2} \tag{118}$$

$\eta_{i-1,j-\frac{1}{2}}$, $\eta_{i,j+\frac{1}{2}}$ e $\eta_{i,j-\frac{1}{2}}$ são calculadas usando uma regra semelhante.

Os termos diferencias da equação da energia (equação 111) devem ser substituídos pelas equações 84 e 86 (do capítulo anterior), respectivamente:

$$\rho_m \, C_m \, Vz_{i,j} \frac{T_{i,j} - T_{i-1,j}}{\Delta z} =$$

$$k_m \frac{1}{2} \left[\frac{T_{i,j+1} - 2T_{i,j} + T_{i,j-1}}{\Delta y^2} + \frac{T_{i-1,j+1} - 2T_{i-1,j} + T_{i-1,j-1}}{\Delta y^2} \right] + \left(\eta \, \dot{\gamma}^2 \right)_{i,j} \tag{119}$$

Substituindo j por 1, 2, …, N-1, obtém-se um sistema de equações que pode ser colocada na forma matricial (tal como no capítulo anterior). O sistema deve ser completo com a equação 113 e com uma equação que quantifique o fluxo em massa do filme, obtida através de um balanço de massa.

A resolução deste problema implica o uso de um processo iterativo onde $V_x(y)$, $V_z(y)$, $\frac{\partial P}{\partial x}$, P e $T(y)$, são determinados para cada secção i; o processo numérico de resolução é semelhante ao realizado no capítulo anterior, sendo as equações colocadas numa forma matricial.

Bloco de sólidos (Secção A)

Nesta secção, os sólidos movem-se na direcção do filme de fundido, uma vez que está a ocorrer a sua fusão [TAD 70, ELB 84]. Assim, é necessário incluir um termo adicional na equação da energia (quando se comparam os fenómenos que ocorrem nesta zona com os que ocorrem na zona anterior, equação 79), ou seja, a convecção de calor na direcção radial:

$$V_{sy} \frac{\partial T(y)}{\partial y} + V_{sz} \frac{\partial T(y)}{\partial z} = \alpha_s \frac{\partial^2 T(y)}{\partial y^2} \tag{120}$$

Sendo V_{sy} a velocidade a que os sólidos se deslocam na direcção da interface com o fundido (direcção y). Na raiz do parafuso o calor gerado por atrito tem duas componentes, uma na direcção dos sólidos e outra na direcção da raiz do parafuso:

$$q_s = k_s \frac{\partial T(y)}{\partial y} \bigg|_{y=0} - k_p \frac{\partial T(y)}{\partial y} \bigg|_{y=0} \tag{121}$$

Na resolução deste problema é necessário conhecer a temperatura do parafuso, no entanto, tal como na zona de transporte de sólidos, considera-se o parafuso como sendo adiabático, sendo possível aplicar a equação 82. A discretização da equação da energia poderá ser realizada do mesmo modo que no capítulo anterior.

Balanços de massa e calor através da interface sólido-fundido

O sistema só fica completo após a introdução de equações que tenham em conta os balanços de massa e calor através da interface sólido-fundido. O fluxo de massa no filme de fundido ($\dot{m}_{C|z+\Delta z}$) é determinado pela taxa de fusão através da interface (R_C): como se mostra na Figura 49, a qual representa um elemento da secção da interface entre o filme C e o bloco de sólidos A.

$$\dot{m}_{c|z+\Delta z} = \dot{m}_{c|z} + R_C \tag{122}$$

Onde:

$$\dot{m}_{c|z} = W_c\ \rho_m \int_0^{\delta_c} V_z(y)\ dy \tag{123}$$

$$R_C = \rho_s\ V_{sy}\ \Delta z\ W_c \tag{124}$$

Sendo ρ_s a massa específica do bloco de sólidos e os índices $C|z$ e $C|z+\Delta z$ referem-se aos incrementos ao longo do canal z e $z+\Delta z$, respectivamente, na zona C.

O fluxo de massa no sólido ($\dot{m}_{A|z+\Delta z}$) é dado por:

$$\dot{m}_{A|z+\Delta z} = \dot{m}_{A|z} - R_C \tag{125}$$

Onde:

$$\dot{m}_{A|z} = \rho_s\ V_{sz}\left(H_{s|z}\ W_s\right) \tag{126}$$

E $H_{s|z}$ é a altura do bloco de sólidos. Sendo que o fluxo total de massa ($\dot{m}_T$) é calculado de:

$$\dot{m}_T = \dot{m}_{A|z+\Delta z} + \dot{m}_{c|z+\Delta z} \tag{127}$$

Finalmente, o balanço de calor através da interface é:

$$k_m\left(\frac{\partial T}{\partial y}\right)\Bigg|_{y=H-\delta_c} - k_s\left(\frac{\partial T}{\partial y}\right)\Bigg|_{y=H-\delta_c} = \rho_s\ h\ V_{sy} \tag{128}$$

Sendo que o gradiente de pressões é calculado usando as equações analíticas apresentadas anteriormente [KAC 72].

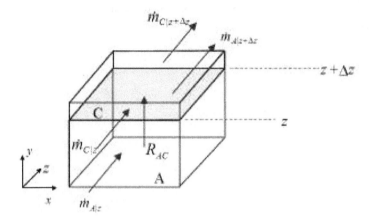

Figura 49- Balanços de massa através da interface sólido-fundido.

Zona de Atraso II

Como se viu anteriormente, nesta zona o bloco de sólidos está rodeado de filmes de fundido nas superfícies do cilindro e parafuso. Para a sua modelação, esta zona (Figura 50) será considerada um caso particular da zona de fusão a apresentar no capítulo seguinte.

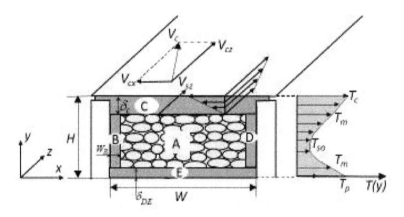

Figura 50- Secção transversal do canal para a Zona de Atraso II.

Na Zona de Atraso II o bloco de sólidos (A) está rodeado por filmes de fundido adjacentes à parede do cilindro (C), à raiz do parafuso (E) e ao flanco do parafuso activo (B) e passivo (D). Esta zona difere da zona de fusão apenas em termos do poço de fundido B. A transição da Zona de Atraso II para a Zona de Fusão é função da espessura de B, e dá-se quando esta espessura fica igual à profundidade do canal [ELB 84]. O modelo para estas zonas será apresentado no próximo capítulo.

8.3 Exercícios de Aplicação

1. Pretende-se produzir varão em HDPE com o conjunto extrusora-cabeça de extrusão representados na Figura 45 (ver exercício do Capítulo anterior). A velocidade de rotação é de 60rpm, o perfil de temperaturas é o indicado na figura, sendo o débito do conjunto de 40kg/hr.

Compare os valores obtidos pelos modelos apresentados para a evolução da pressão na zona de atraso, sabendo que o seu comprimento são 2 espiras e a pressão inicial é de 2.5MPa. Faça uma análise crítica dos resultados obtidos.

Notas: i) considere as propriedades do material, a geometria do sistema e as condições de processamento indicadas no exercício no fim do Capítulo anterior; ii) antes de iniciar os cálculos, exponha a metodologia para a resolução do problema.

9 ZONA DE FUSÃO

9.1 Introdução

Uma das funções básicas de uma extrusora é, como se referiu anteriormente, fundir totalmente o polímero a alguma distância do fim do parafuso. Por esta razão, um modelo para esta zona deve prever a quantidade de polímero fundido em qualquer ponto do canal da extrusora, o comprimento do parafuso necessário para a fusão e a dependência destas duas varáveis das propriedades do polímero, da geometria do parafuso e das condições operatórias.

Somente após a observação experimental do processo foi possível concluir que podem existir na prática três mecanismos de fusão distintos, os quais são geralmente designados pelo nome dos investigadores que os descreveram:

A- Mecanismo de Maddock [MAD 59]/Tadmor [TAD 70] - o poço de fundido desenvolve-se junto ao flanco activo do parafuso.

B- Mecanismo de Dekker [DEK 76] - onde não se forma poço de fundido, mas o fundido rodeia o leito de sólidos.

C- Mecanismo de Menges e Klenk [MEN 67] - o poço de fundido desenvolve-se junto ao flanco passivo.

Verifica-se, na prática, que o mecanismo A é o mais frequente, sendo por isso aquele que será objecto de estudo nestes textos.

Tal como nas zonas anteriores, serão apresentados dois modelos analíticos e um numérico baseado em diferenças finitas. No primeiro caso serão considerados duas situações: i) o material é newtoniano e o regime isotérmico, ou ii) o material é não-newtoniano e o regime não-isotérmico.

9.2 Modelo Newtoniano e Isotérmico

Nesta secção será adoptado o modelo de Tadmor, como ilustrado na Figura 51. O volume elementar de material perpendicular à interface sólido-fundido, representado na Figura 52, será analisado com o objectivo de calcular os perfis de temperatura no filme de fundido e no bloco de sólidos, o perfil de espessuras do filme e o perfil de sólidos. O bloco de sólidos tem duas componentes de velocidade, uma na direcção do canal (V_{sz}) e outra na direcção da interface sólido-fundido (V_{sy}). Na Figuras 51 e 52, também, se podem observar os perfis de temperaturas no filme e no bloco de sólidos.

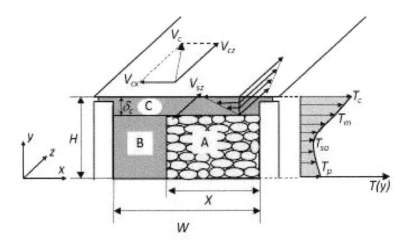

Figura 51- Secção transversal do canal no modelo de Tadmor (X é a largura de sólidos).

No desenvolvimento destes modelos analíticos serão tidas em contas as simplificações seguintes:

a) O canal é rectangular e está cheio de material, sendo que a folga mecânica não influencia a taxa de fusão;

b) O bloco de sólidos comporta-se como um sólido coeso: homogéneo e contínuo;

c) Existe regime estacionário, isto é, em cada secção do canal a largura de sólidos é X e a temperatura do cilindro T_c;

d) O bloco de sólidos na direcção y tem profundidade infinita em termos de transferência de calor (ou seja, despreza-se a contribuição do parafuso e o aquecimento progressivo do material ao longo do canal);

e) A transferência de calor do poço de fundido para o bloco de sólidos é desprezável, considerando-se apenas a fusão de material na interface sólidos/filme junto ao cilindro (problema de transferência de calor unidimensional);

f) O filme de fundido move-se entre duas placas paralelas de dimensões infinitas (quando comparadas com a espessura do filme);

g) A velocidade do bloco de sólidos na direcção do comprimento do canal é constante;

h) Considera-se que o fundido é um fluido newtoniano (o que implica um perfil de velocidades do filme linear);

i) As propriedades termofísicas do material são constantes (podendo ter-se em conta a sua variação com a pressão, temperatura e velocidade de corte, considerando pequenos incrementos de canal na direcção z).

A simplificação d) ignora a aceleração da taxa de fusão na parte final do processo causada pelo aumento de temperatura do parafuso e do fundido. Esta simplificação, tal como a e), reforçam o carácter conservador das previsões destes modelos.

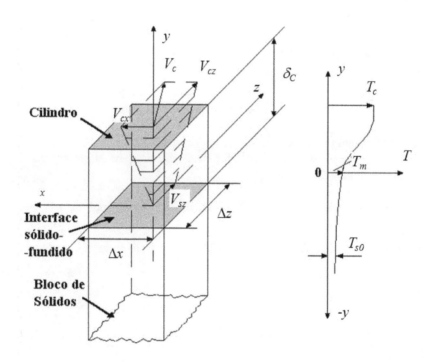

Figura 52- Volume elementar do canal perpendicular à interface: perfis de velocidade e de temperatura.

Como resulta da simplificação f), considera-se que ambas as "placas" se movem com velocidades V_c e V_{sz}, sendo possível, desta forma, assumir que a inferior está estacionária à temperatura T_m, e a superior movendo-se a uma velocidade V_j, numa direcção j que faz um ângulo α_j com a direcção z, à temperatura T_c. A velocidade resultante obtém-se através da subtracção vectorial das velocidades iniciais:

$$\overrightarrow{V_j} = \overrightarrow{V_c} - \overrightarrow{V_{sz}} \tag{129}$$

de onde resulta que:

$$V_j = \left(\left| V_c \right|^2 + \left| V_{sz} \right|^2 - 2 \left| V_c \right| \left| V_{sz} \right| \cos \theta_c \right)^{1/2} \tag{130}$$

$$\tan \alpha_j = \frac{V_{cx}}{V_{cz} - V_{sz}} = \frac{V_c \sin \theta_c}{V_c \cos \theta_c - V_{sz}} \tag{131}$$

Um dos objectivos fundamentais nesta zona é a capacidade de prever a evolução ao longo do canal (direcção z) da largura de sólidos (X), tal como ilustrado na Figura 51. Desta forma, a sequência de cálculos necessária à determinação do perfil $X(z)$ é o seguinte:

1. Balanços de energia no filme de fundido e no bloco de sólidos;
2. Balanço do fluxo de calor na interface sólido/fundido;
3. Balanço de massa num incremento de filme na direcção z;
4. Balanço de massa nos sólidos na direcção z;
5. Resolução da equação diferencial obtida para a geometria do sistema.

1- Balanços de energia no filme de fundido e no bloco de sólidos

Resolução da equação de energia no filme, onde se despreza o termo convectivo na direcção z (ver equação 111 do capítulo anterior):

$$k_m \frac{\partial^2 T}{\partial y^2} = \eta \, \dot{\gamma}^2 \tag{132}$$

Integrando e tendo em conta as condições fronteira (*i.e.*, para $y=0$, $T=T_m$ e para $y=\delta_c$, $T=T_c$), obtém-se:

$$\frac{T-T_m}{T_c-T_m} = \frac{\eta V_j^2 y}{2k_m \delta_C (T_c - T_m)}\left(1 - \frac{y}{\delta_C}\right) + \frac{y}{\delta_C} \tag{133}$$

A temperatura média no filme é:

$$T_{med} = \frac{2\,T_c + T_m}{3} + \frac{\eta V_j^2}{12\,k_m} \tag{134}$$

A partir da equação 133 verifica-se que o aumento de temperatura do filme está dependente da razão entre o calor gerado por dissipação viscosa (ηV_j^2) e o calor conduzido do cilindro aquecido $(k_m(T_c - T_m))$. Essa razão é quantificada pelo número de *Brinkman*:

$$Br = \frac{\eta V_j^2}{2k_m (T_c - T_m)} \tag{135}$$

A Figura 53 ilustra o efeito do valor deste número na temperatura do filme, podendo acontecer dois casos extremos: i) se Br <2, a dissipação viscosa é pouco importante e a temperatura do filme não ultrapassa T_c; ii) se Br>2, a temperatura do filme pode ultrapassar a do cilindro devido à grande importância da dissipação viscosa. No entanto, verifica-se que aumentando a temperatura do cilindro (*i.e.*, aumentando a condução de calor), a viscosidade diminui e, como consequência, a dissipação viscosa também diminui. Isto significa que para um dado valor de temperatura no cilindro é possível calcular-se a velocidade de rotação do parafuso máxima (quantificada nesta equação por V_j) que assegure que a temperatura do filme não ultrapasse a do cilindro, evitando assim uma possível degradação do material devido a temperaturas elevadas.

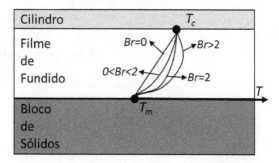

Figura 53- Balanço entre o calor gerado por dissipação viscosa e o conduzido do cilindro: perfis de temperatura no filme de fundido.

Tal como no caso do filme, o balanço de calor no bloco de sólidos também não incluí o termo convectivo na direcção do canal (ver equação 120 no capítulo anterior):

$$V_{sy}\frac{\partial T(y)}{\partial y} = \alpha_s \frac{\partial^2 T(y)}{\partial y^2} \tag{136}$$

A integração desta equação tendo em conta as condições fronteira (*i.e.*, para $y= -\infty$, $T=T_{s0}$, e para $y=0$, $T=T_m$) produz a equação seguinte para o perfil de temperaturas no bloco de sólidos:

$$\frac{T - T_{s0}}{T_m - T_{s0}} = \exp\left(\frac{V_{sy}}{\alpha_s}y\right) \tag{137}$$

2- Balanço do fluxo de calor na interface sólido/fundido

O balanço de calor na interface sólido/filme de fundido envolve a transferência de calor do filme para a interface e da interface para os sólidos, tal como definido nos termos da equação seguinte, respectivamente. O calor transferido para os sólidos permitem a sua fusão a uma velocidade V_{sy}.

$$k_m \frac{\partial T(y)}{\partial y}\bigg|_{y=0} - k_s \frac{\partial T(y)}{\partial y}\bigg|_{y=0} = \rho_s\, h\, V_{sy} \tag{138}$$

3- Balanço de massa no filme na direcção z

Através da realização em simultâneo do balanço de calor na interface e de um balanço de massa no filme é possível determinar a evolução da espessura do filme de fundido (δ_C) e a razão de fusão (ω), ou seja, a taxa de fusão por unidade de comprimento do canal, dados pelas equações seguintes

$$\delta_C = \left(\frac{\left[2k_m(T_c - T_m) + \eta\, V_j^2\right]X}{V_{cx}\,\rho_m\left[C_s(T_m - T_{so}) + C_m(T_{med} - T_m) + h\right]}\right)^{1/2} \tag{139}$$

$$\omega = V_{sy}\, \rho_s\, X = \frac{V_{cx}\, \rho_m\, \delta_C}{2} = \Phi\, \sqrt{X} \tag{140}$$

sendo Φ dado por:

$$\Phi = \left(\left\{ \frac{V_{cx}\rho_m\left[k_m\left(T_c - T_m\right) + \dfrac{\eta}{2}V_j^2\right]}{2\left[C_s\left(T_m - T_{s0}\right) + C_m\left(T_{med} - T_m\right) + h\right]} \right\} \right)^{\!\frac{1}{2}} \tag{141}$$

Esta grandeza (Φ) quantifica a razão entre o calor fornecido para a fusão (o calor conduzido mais o calor gerado por dissipação viscosa) e o calor necessário para fundir o polímero (o calor necessário para aumentar a temperatura mais o calor necessário pela mudança de estado).

4- Balanço de massa nos sólidos na direcção z

Para obter o perfil de sólidos e o comprimento necessário à fusão, Z_T, é necessário realizar um balanço de massa num elemento de sólidos na direcção da interface (direcção y, ver Figura 54), o qual vai depender da geometria do canal (como se verá mais à frente). Neste balanço: a quantidade de sólido entrando no bloco de sólidos em z é igual à quantidade de sólido saindo do bloco de sólidos em $z+\Delta z$ adicionado da quantidade de sólido saindo do bloco pela interface sólido/fundido, tal como dado pela equação seguinte:

$$\rho_s\, V_{sz}\, H\, X\,\big|_z = \rho_s\, V_{sz}\, H\, X\,\big|_{z+\Delta z} + V_{sy}\, \rho_s\, \overline{X}\, \Delta z \tag{142}$$

Manipulando esta equação e usando a equação 140, a variação da área de sólidos $(H\,X)$ com z é dada por:

$$-\frac{d(HX)}{dz} = \frac{\omega}{\rho_s V_{sz}} \tag{143}$$

5- Resolução da equação diferencial obtida para a geometria do sistema

A resolução da equação diferencial anterior depende da geometria do canal. Para um canal de profundidade constante a solução obtida é a seguinte:

$$\frac{X}{W} = \frac{X_1}{W}\left[1 - \frac{\Psi}{2H}(z - z_1)\right]^2 \qquad (144)$$

$$z_T = \frac{2H}{\Psi} \qquad (145)$$

sendo ψ dado por:

$$\Psi = \frac{\Phi}{V_{sz}\, \rho_s \sqrt{X_1}} = \frac{\Phi\sqrt{W}}{G/H_0} \qquad (146)$$

E para canais de profundidade variável, obtém-se:

$$\frac{X}{W} = \frac{X_1}{W}\left[\frac{\Psi}{A} - \left(\frac{\Psi}{A} - 1\right)\sqrt{\left(\frac{H_1}{H_1 - A\,z}\right)}\right]^2 \qquad (147)$$

$$z_T = \frac{H_1}{\Psi}\left(2 - \frac{A}{\Psi}\right) \qquad (148)$$

em que A é o declive da zona de compressão como apresentado no Capítulo 5.

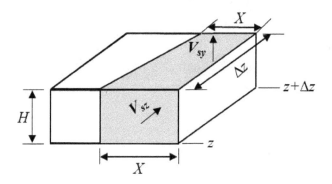

Figura 54- Balanço de massa no bloco de sólidos.

9.3 Modelo Não-Newtoniano e Não-Isotérmico

Assume-se, neste caso, que a viscosidade varia de acordo com um perfil de temperaturas linear como dada pela lei da potência, onde o efeito da temperatura é quantificado por uma lei do tipo *Arrehnius*, tal como representada pela equação 11 do Capítulo 4. Do mesmo modo que no modelo Newtoniano e isotérmico, efectuando-se balanços de massa e energia num volume elementar, obtêm-se:

Perfil de temperaturas no filme

$$\frac{T - T_m}{T_c - T_m} = \xi + \frac{k_3}{A_4^2 \, k_m \left(T_c - T_m\right)}\left[1 - e^{-A_4 \, \xi} - \xi\left(1 - e^{-A_4}\right)\right] \tag{149}$$

sendo:

$$\xi = \frac{y}{\delta_C} \tag{150}$$

$$k_3 = \eta_0 \, \delta_C^2 \, k_2^{n+1} \tag{151}$$

$$k_2 = \frac{A_4 \, V_j}{\delta_C \left(1 - e^{-A_4}\right)} \tag{152}$$

$$A_4 = \frac{a \left(T_c - T_m\right)}{n} \tag{153}$$

Temperatura média no filme

$$T_{med} = \Theta \left(T_c - T_m\right) + T_m \tag{154}$$

sendo:

$$\Theta = \frac{\dfrac{A_4}{2} + e^{-A_4}\left(1 + \dfrac{1}{A_4}\right) - \dfrac{1}{A_4}}{A_4 + e^{-A_4} - 1} \tag{155}$$

Espessura do filme

$$\delta_C = \left(\frac{\left[2 k_m \left(T_c - T_m\right) + U_1\right] X}{U_2 V_{cx} \, \rho_m \left[C_s \left(T_m - T_{so}\right) + C_m \, \Theta \left(T_c - T_m\right) + h\right]}\right)^{\!\!1/2} \tag{156}$$

sendo:

$$U_1 = \frac{2\,\eta_0\,V_c^{n+1}}{\delta_C^{n-1}} \left(\frac{A_4}{1-e^{-A_4}}\right)^{n+1} \left(\frac{A_4 -1+e^{-A_4}}{A_4^2}\right)$$ (157)

$$U_2 = 2\frac{1-A_4 -e^{-A_4}}{A_4\left(e^{-A_4}-1\right)}$$ (158)

$$\Phi = \left(\left\{\frac{V_{cx}\rho_m\,U_2\left[k_m\left(T_c -T_m\right)+\dfrac{U_1}{2}\right]X}{2\left[C_s\left(T_m -T_{s0}\right)+C_m\,\Theta\left(T_c -T_m\right)+h\right]}\right\}\right)^{\!\!1/2}$$ (159)

Perfil de sólidos

O perfil de sólidos e o comprimento necessário para a fusão poderão ser obtidos através das equações 144 a 148, em função da geometria do canal onde os cálculos estão a ser efectuados.

9.3 Potência Mecânica

O consumo de potência mecânica para esta zona, designado por e_f, é a soma da potência consumida no filme de fundido, e_{mf}, da potência consumida no poço de fundido, e_{mp}, e da potência consumida na folga entre o filete do parafuso e o cilindro, e_{folga} [RAU 86]:

$$e_f = e_{mf} + e_{mp} + e_{folga}$$ (160)

onde:

$$e_{mf} = \eta_0\,V_c\,\sin(\theta_c +\varphi)\frac{2\,V_j^n}{k_4(2-n)}\left(\delta_{max}^{2-n}-\delta_C^{2-n}\right)\Delta z$$ (161)

$$\delta_{max} = \left(k_4\,W_c +\delta_C^2\right)^{1/2}$$ (162)

$$k_4 = \frac{4\,k_m\left(T_c - T_m\right) + 4\,B_3}{\rho_m\,V_j\left[C_s\left(T_m - T_{s0}\right) + h\right]} \qquad (163)$$

$$B_3 = \frac{k_m\,B_4\,\delta_C^2}{A_4^2}\left(A_4 - e^{k_2} - 1\right) \qquad (164)$$

$$B_4 = \frac{\eta_0}{k_m}\left[\frac{V_j\,A_4}{\delta_C\left(e^{A_4} - 1\right)}\right]^{n+1} \qquad (165)$$

$$e_{mp} = \left(1 + 3\,r_d + 4\,tg^2\theta_c\right)\frac{\eta_0\,X\,V_{cz}^2}{H}\,\Delta z \qquad (166)$$

$$r_d = \frac{H^2}{6\,\eta_0\,V_{cz}}\frac{\Delta P}{\Delta z} \qquad (167)$$

$$e_{folga} = \frac{V_c^{1+n}\,\eta_0\,e}{\delta_C^n}\,\Delta z \qquad (168)$$

Sendo δ_{max} a espessura máxima do filme. Estas equações, para o cálculo da potência mecânica, podem ser usadas, também, no caso do modelo não-Newtoniano. Para isso basta substituir o valor de n por 1 e o de η_0 pela viscosidade (η).

9.4 Modelo Numérico

Na Figura 55 representa-se esquematicamente o mecanismo de fusão que ocorre numa seção transversal do canal, a qual será tida em conta no modelo numérico aqui apresentado. Neste modelo serão consideradas as equações de momento e de energia que descrevem cada uma das cinco regiões individuais, as quais serão complementadas pelas condições fronteira e pelos balanços de força, calor e massa.

As principais simplificações usadas neste modelo são [ELB 84, LIN 85]:

1. O bloco de sólidos é contínuo, homogéneo e isotrópico;
2. Despreza-se o fluxo de fundido sobre a folga;
3. Considera-se que polímero fundido é um líquido puramente viscoso;
4. O fluxo é estacionário,

5. As interfaces sólido-fundido são suaves;
6. O fluxo dos filmes de fundido estão totalmente desenvolvidos nas direcções transversal, x, e longitudinal, z (i.e., $\partial V_x/\partial x = 0$ e $\partial V_z/\partial z = 0$);
7. O campo de temperaturas dos filmes de fundido está totalmente desenvolvido na direcção transversal do canal (i.e., $\partial T/\partial x = 0$), mas não na direcção longitudinal do canal (ou seja, $\partial T/\partial z \neq 0$);
8. Despreza-se a condução de calor na direcção do canal (i.e., $\partial^2 T/\partial z^2 \ll \partial^2 T/\partial y^2$);
9. Desprezam-se as forças de gravíticas e de inércia;~
10. A velocidade do bloco de sólidos é constante.

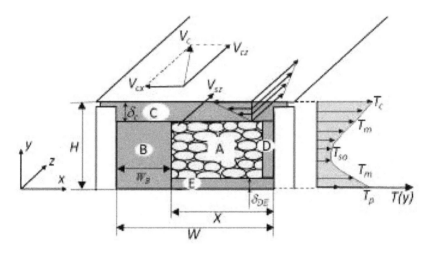

Figura 55- Modelo de fusão.

Equações de Momento e Energia

a) Filmes de fundido (C, D e E)

Tendo em conta os pressupostos apresentados acima e a existência de circulação do fundido à volta do bloco de sólidos, as equações de momento e energia para os filmes, C, D e E são idênticas. A região D pode ser considerada como uma extensão da região E, tal como sugerido pelo trabalho experimental apresentado anteriormente [ELB 84]. O fluxo e o comportamento térmico nas regiões C e DE podem ser descritos pelas equações 108 a 112 com as condições fronteira seguintes:

$$\begin{cases} V_x(y=0)=0 \\ V_x(y=\delta_C)=-V_{cx} \end{cases} \quad \begin{cases} V_z(y=0)=V_{sz} \\ V_z(y=\delta_C)=V_{cz} \end{cases} \quad \begin{cases} T(y=0)=T_m \\ T(y=\delta_C)=T_c \end{cases} \tag{169}$$

para a região e

$$\begin{cases} V_x(y=0)=0 \\ V_x(y=\delta_{DE})=0 \end{cases} \quad \begin{cases} V_z(y=0)=0 \\ V_z(y=\delta_{DE})=V_{sz} \end{cases} \quad \begin{cases} T(y=0)=T_p \\ T(y=\delta_{DE})=T_m \end{cases} \tag{170}$$

para a região DE.

b) Poço de fundido (zona B)

Quando a largura do poço de fundido (W_B) passa a ser maior ou igual à profundidade do canal começa a ter lugar a recirculação à volta do bloco de sólidos, ou seja, $\partial V_z/\partial y \neq 0$. Caso contrário, será a zona de Atraso II que será considerada nos cálculos. Durante a fusão, a equação de momento na direcção z e a equação de energia (110 e 111) assumem a forma:

$$\frac{\partial P}{\partial z} = \frac{\partial}{\partial y}\left(\eta\frac{\partial V_z}{\partial x}\right) + \frac{\partial}{\partial y}\left(\eta\frac{\partial V_z}{\partial y}\right) \tag{171}$$

$$\rho_m\, C_m\, V_z(y)\frac{\partial T}{\partial z} = k_m\left(\frac{\partial^2 T}{\partial x^2} + \frac{\partial^2 T}{\partial y^2}\right) + \eta\,\dot\gamma^2 \tag{172}$$

em que a taxa de corte é dada por:

$$\dot\gamma = \left[\left(\frac{\partial V_x}{\partial y}\right)^2 + \left(\frac{\partial V_z}{\partial x}\right)^2 + \left(\frac{\partial V_z}{\partial y}\right)^2\right]^{\frac{1}{2}} \tag{173}$$

e as condições fronteira por:

$$\begin{cases} V_x(y=0)=0 \\ V_x(y=H)=-V_{cx} \end{cases} \quad \begin{cases} V_z(x=0)=0 \\ V_z(x=W_B)=V_{sz} \\ V_z(y=0)=0 \\ V_z(y=H)=V_{cz} \end{cases} \quad \begin{cases} T(x=0)=T_p \\ T(x=W_B)=T_m \\ T(y=0)=T_p \\ T(y=H)=T_c \end{cases} \tag{174}$$

c) Bloco de sólidos (zona A)

Considera-se que o bloco de sólidos se move na direcção longitudinal do canal a uma velocidade constante:

$$V_{sz} = \frac{\dot{m}_T \, H \, W}{\rho_s} \tag{175}$$

Diferentes taxas de condução e dissipação de calor ocorrem nos dois lados opostos do bloco de sólidos, causando uma distribuição de temperatura assimétrico. Como consequência, a região A pode ser subdividida em duas, tal como ilustrado na Figura 56.

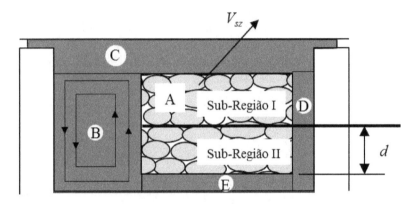

Figura 56- Sub-regiões no bloco de sólidos.

$$-\frac{V_{sy1}}{\alpha_s} \frac{\partial T_{s1}}{\partial y} + \frac{V_{sz}}{\alpha_s} \frac{\partial T_{s1}}{\partial z} = \frac{\partial^2 T_{s1}}{\partial y^2} \qquad (d \leq y \leq H_{s|z}) \tag{176}$$

$$\frac{V_{sy2}}{\alpha_s} \frac{\partial T_{s2}}{\partial y} + \frac{V_{sz}}{\alpha_s} \frac{\partial T_{s2}}{\partial z} = \frac{\partial^2 T_{s2}}{\partial y^2} \qquad (0 \leq y \leq d) \tag{177}$$

onde V_{sy1} e V_{sy2} são as velocidades de polímero sólido na direcção dos filmes de fundido, C e E, respectivamente, T_{s1} e T_{s2} são os perfis de temperatura para as sub-regiões 1 e 2, respectivamente, e d é a distância na direcção y de forma a que que $T_{s1}(y = d) = T_{s2}(y = d)$. As condições fronteira para estas regiões são as seguintes:

Sub-region I   Sub-region II

$$\begin{cases} T_{s1}(y = H_s, z) = T_m \\ \dfrac{\partial T_{s1}(y = d, z)}{\partial y} = 0 \end{cases} \quad \begin{cases} T_{s2}(y = 0, z) = T_m \\ \dfrac{\partial T_{s2}(y = d, z)}{\partial y} = 0 \end{cases} \tag{178}$$

A distância d é calculada iterativamente, começando-se esse processo com um valor inicial (por exemplo, $Hs|z/2$) até que a temperatura à distância d (ou seja, na interface dessas regiões) seja igual para as duas regiões.

Balanços de massa e calor

Tendo em conta a recirculação de fundido em torno do bloco de sólidos, o balanço de massa para a região C (ver Figura 57, que representa um elemento da interface do filme de fundido, C, com o bloco de sólidos, A; ver também Figura 55):

$$\dot{m}_{C|z+\Delta z} = \dot{m}_{C|z} - \dot{m}_{Cx|z} + \dot{m}_{DEx|z} + R_C \tag{179}$$

$$\dot{m}_{C|z} = W_{s|z}\, \rho_m \int_0^{\delta_{C|z}} V_z^{(C)}(y)\, dy \tag{180}$$

$$\dot{m}_{Cx|z} = \Delta z\, \rho_m \int_0^{\delta_{C|z}} V_x^{(C)}(y)\, dy \tag{181}$$

$$\dot{m}_{DEx|z} = \Delta z\, \rho_m \int_0^{\delta_{DE|z}} V_x^{(DE)}(y)\, dy \tag{182}$$

$$R_C = \rho_s\, V_{sy1|z}\, \Delta z\, W_{s|z} \tag{183}$$

onde, $\dot{m}_{C|z}$ é o fluxo de massa da região C na direcção do canal, $\dot{m}_{Cx|z}$ é o fluxo de C para o poço de fundido na direcção x e $\dot{m}_{DEx|z}$, é o fluxo transversal para C vindo de DE e $\delta_{DE|Z}$ é a espessura do filme DE.

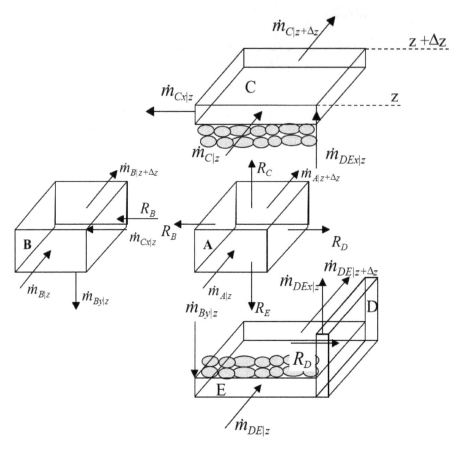

Figura 57- Balanços de massa.

O balanço de massa para a zona DE é dado pela equação seguinte (ver Figura 57):

$$\dot{m}_{DE|z+\Delta z} = \dot{m}_{DE|z} - \dot{m}_{DEx|z} + \dot{m}_{By|z} + R_D + R_E \tag{184}$$

sendo, $\dot{m}_{By|z}$ a taxa de recirculação de fundido através do poço de fundido no plano $x\text{-}y$, R_D a taxa de fusão através da interface A-D para um incremento Δz, R_E a taxa de fusão através da interface A-E para um incremento Δz e $\dot{m}_{DE|z}$ o fluxo de massa ao longo do canal. $\dot{m}_{DE|z}$ e R_D obtém-se de:

$$\dot{m}_{DE|z} = \left(W_s + H_s \right)_z \rho_m \int_0^{\delta_{DE|z}} V_z^{(DE)}(y)\, dy \tag{185}$$

$$R_D + R_E = \rho_s\, V_{sy2|z}\, \Delta z \left(W_s + H_s \right) \tag{186}$$

O balanço de massa no bloco de sólidos A é (ver Figura 57):

$$\dot{m}_{A|z+\Delta z} = \dot{m}_{A|z} - \left(R_C + R_B + R_D + R_E \right) \tag{187}$$

Com:

$$\dot{m}_{A|z} = \rho_s\, V_{sz} \left(H_s\, W_s \right)_z \tag{188}$$

Por fim, o balanço de massa no poço de fundido B (Figura 57) produz as duas equações seguintes, permitindo o cálculo de $\dot{m}_{By|z}$.

$$\dot{m}_{B|z+\Delta z} = \dot{m}_{B|z} - \dot{m}_{By|z} + \dot{m}_{Cx|z} + R_B \tag{189}$$

$$\dot{m}_{B|z+\Delta z} = \dot{m}_T - \left(\dot{m}_{A|z+\Delta z} + \dot{m}_{C|z+\Delta z} + \dot{m}_{DE|z+\Delta z} \right) \tag{190}$$

As velocidades do polímero sólido na direcção dos filmes de fundido C (V_{sy1}) e DE (V_{sy2}) podem ser determinadas por balanços de calor sobre as interfaces A-C e A-DE. As equações correspondentes são, respectivamente:

$$k\frac{\partial T}{\partial y}\Big|_{A-C,melt} - k_s\frac{\partial T}{\partial y}\Big|_{A-C,solid} = \rho_s\, h\, V_{sy1} \tag{191}$$

$$k_s\frac{\partial T}{\partial y}\Big|_{A-DE,solid} - k\frac{\partial T}{\partial y}\Big|_{A-DE,melt} = \rho_s\, h\, V_{sy2} \tag{192}$$

Balanços de força

Esta análise conclui-se fazendo um equilíbrio de forças que actuam sobre a o poço de fundido nas direcções x e y:

$$\frac{\partial P^{(C)}}{\partial x} + \frac{\partial P^{(DE)}}{\partial x} = \frac{2\left(\tau_{yx|DE} + \tau_{yx|C} \right)}{H_s} \tag{193}$$

$$\frac{\partial P^{(C)}}{\partial z} + \frac{\partial P^{(DE)}}{\partial z} = \frac{\partial P}{\partial z} \left(= \frac{\partial P^{(B)}}{\partial z} \right) \tag{194}$$

E com uma condição de continuidade da pressão ao longo do boco de sólidos:

$$\frac{\partial P^{(C)}}{\partial x} W_s = + \frac{\partial P^{(DE)}}{\partial x} \left(W_s + H_s \right) \tag{195}$$

Sendo $\tau_{yx|DE}$ e $\tau_{yx|C}$ as tensões de corte que actuam nas interfaces A-DE and A-C, respectivamente. Finalmente, o sistema de equações resultante deve obedecer às duas restrições geométricas seguintes e resolvidos por diferenças finitas, usando um esquema semelhante ao apresentado anteriormente para as outras equações diferenciais.

$$\delta_C + H_s + \delta_{DE} = H \tag{196}$$

$$W_B + W_s + \delta_{DE} = W \tag{197}$$

9.5 Influência dos Parâmetros no Processo

Tendo em conta os modelos apresentados, será importante verificar de que modo alguns dos parâmetros do processo influenciam o seu desempenho. Nesta análise serão considerados parâmetros operacionais, tais como a velocidade de rotação do parafuso e o perfil de temperaturas do cilindro, e parâmetros geométricos, como por exemplo a profundidade do canal (H) e/ou o declive da compressão (A). Seria possível, também, estudar a influência de outros parâmetros, a temperatura dos sólidos, a largura do canal e o declive da compressão, são alguns exemplos, os quais não serão abordados neste texto.

A Figura 58 ilustra a influência da velocidade de rotação do parafuso na evolução da taxa de fusão (ou perfil de sólidos), quantificada pela razão X/W. Um aumento da velocidade de rotação do parafuso de 10 para 90 rpm faz aumentar o débito de 8.0 para 65.3 kg/hr. Este aumento do débito tem duas consequências no que se refere aos mecanismos de transferência de calor usados para fundir o material (ver equação 141). Em primeiro lugar, existe maior dissipação viscosa devido à maior velocidade, ou seja, V_j aumenta consideravelmente. Simultaneamente, devido ao aumento de temperatura, a viscosidade (η) diminui. No entanto, este último efeito não anula o aumento da dissipação viscosa devido às taxas de corte geradas pelo aumento da velocidade. Por outro lado, a condução de calor diminui, dado que quanto maior a velocidade menor o tempo de residência dentro da extrusora, ou seja, menos tempo para a transferência de calor por condução. Finalmente, pela análise do gráfico verifica-se que o polímero funde muito mais cedo para velocidades de rotação mais baixas. Isto significa que o efeito que prevalece é a condução de calor. É, porém, importante notar-se que, devido à natureza pseudoplástica dos polímeros, cada vez mais incrementos de velocidade provocam progressivamente menores aumentos de temperatura.

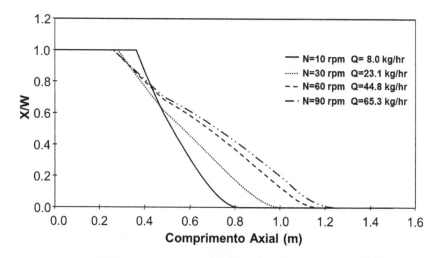

Figura 58- Influência da velocidade de rotação do parafuso na taxa de fusão.

Com a variação do perfil de temperaturas no cilindro o débito da extrusora aumenta ligeiramente devido à diminuição da viscosidade do polímero, tal como se ilustra na Figura 59. Um aumento da temperatura do cilindro (neste caso de 150 até 220 °C, considerando somente o valor da última banda de aquecimento) implica maior condução de calor, isto devido à maior diferença entre a temperatura média do filme e a do bloco de sólidos. No entanto, apesar da menor dissipação viscosa (dado que a viscosidade diminui com o aumento de temperatura), verifica-se que o comprimento necessário para fundir o material é menor quando se aumenta a temperatura, ou seja, é a condução de calor que prevalece. Verifica-se, também, que, considerando as restantes variáveis constantes, existe uma temperatura do cilindro que maximiza o efeito combinado da condução e da dissipação viscosa, uma vez que entre os dois últimos perfis de temperaturas não existe variação do comprimento necessário para fundir o material.

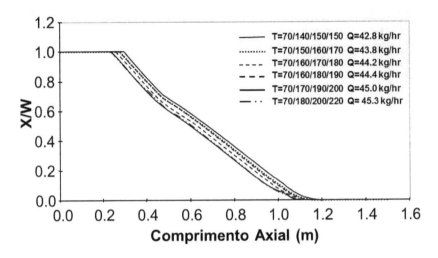

Figura 59- Influência do perfil de temperaturas no cilindro na taxa de fusão.

A Figura 60 ilustra a influência do geometria da zona de compressão na evolução do perfil de sólidos. Verifica-se que para um parafuso de profundidade constante ($A=0$) o comprimento para fusão (Z_T – equação 148) é máximo e que X/W diminui ao longo do comprimento do canal seguindo a forma de uma parábola. Aumentando-se o valor de A, o valor de Z_T reduz-se e a forma da curva de X/W torna-se menos côncava e depois convexa. Por outro lado, se $A/\Psi=1$, Z_T fica com o seu valor mínimo, isto é, o canal permanece cheio de sólidos durante uma certa distância helicoidal, reduzindo-se a sua largura (X) a zero num pequeno incremento. É importante notar-se que a variação do declive da compressão pode ser conseguido quer variando o comprimento desta zona quer a profundidade do canal (nas zonas de alimentação ou de medição). Verifica-se, também, que quando A é elevado a taxa de fusão pode não acompanhar a taxa de compressão, podendo observar-se um aumento da largura de sólidos ao longo do canal. Eventualmente, neste caso, os sólidos podem entupir o canal, provocando instabilidades no processo. Para evitar este problema o comprimento da zona de compressão (L_2) deverá ser superior a um valor mínimo, dado por:

$$L_{min} \geq \frac{V_{cz} \sqrt{X_1} \, H_1 \, \rho_s \left(\dfrac{H_1}{H_3} - 1 \right) \sin \theta_c}{\Phi \left(\dfrac{H_1}{H_3} \right)} \tag{198}$$

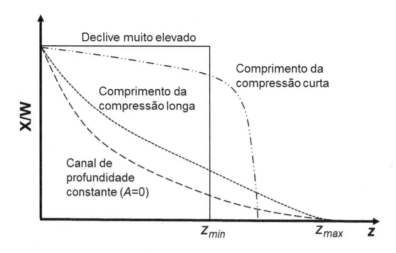

Figura 60- Influência da geometria da zona de compressão na taxa de fusão.

9.6 Exercícios de Aplicação

1. Pretende-se produzir varão em HDPE com o conjunto extrusora-cabeça de extrusão representados na Figura 61. A velocidade de rotação do parafuso é de 60 rpm, o perfil de temperaturas é o indicado na figura, sendo o débito do conjunto de 40kg/hr. Indique a espira em que espera encontrar unicamente material fundido.

Nota: Antes de iniciar os cálculos, exponha a metodologia para a resolução do problema.

Parafuso:
- Passo quadrado
- D_p = 59.8 mm

- Taxa de compressão=3
- Largura dos filetes=5 mm
- Folga (δ_f) = 0.1 mm

Dados do material:
Propriedades físicas:
Massa específica na alimentação= 630 kg/m³
Massa específica do material sólido= 950 kg/m³

Coef. atrito material/tremonha = 0.30
Coef. atrito material/parafuso = 0.25
Coef. atrito material/cilindro = 0.4
Ângulo de atrito das partículas = 33,7°

Massa específica do fundido (kg/m³):

T=25°C – 950
T=150°C – 800
T=179°C – 760
T=180°C – 750
T=200°C – 750

Propriedades térmicas:

Condutividade térmica do fundido = 0.51 J/m.s.K

Calor específico do fundido = 2300 J/kg/.K

Calor específico do sólido = 1317 J/kg/.K

Calor latente de fusão = 230 kJ/kg

Temperatura de fusão = 130 °C

	n	0.345	--
Viscosidade:	k_0	29.94	kPa s^{-1}
Lei da Potência	a	0.00681	°C^{-1}
	T_0	190	°C

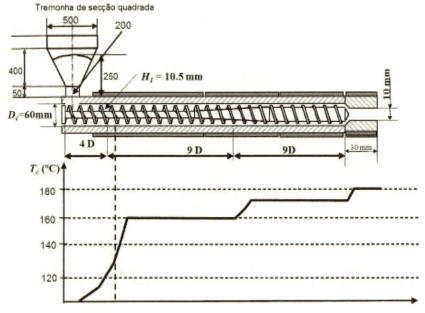

Figura 61- Extrusora e perfil de temperaturas no cilindro.

10 ZONA DE BOMBAGEM

10.1 Introdução

A zona de bombagem ocorre após a fusão estar concluída, sendo fundamental na concretização de três das funções básicas da extrusora: assegurar que se cria a pressão necessária para que o polímero fundido atravesse a fieira com o débito pretendido e promover a mistura e a homogeneidade da temperatura do fundido [TAD 70, RAU 86].

Com a modelação da zona de bombagem será possível obter equações para o cálculo do débito, pressão, dos perfis de temperatura, do consumo de potência mecânica e da distribuição de tempos de residência (uma medida da mistura), a partir das propriedades físicas do material, da geometria da extrusora e das condições operatórias [TAD 70].

Como anteriormente, devido à complexidade do sistema, nomeadamente no que se refere ao número de variáveis envolvidas, à geometria do parafuso e à natureza não-Newtoniana dos polímeros, a derivação das equações será convenientemente simplificada. Como nesta zona geométrica a profundidade do canal é pequena, pode-se uma vez mais assumir que o canal está desenrolado e que o fluxo de polímero ocorre entre duas placas paralelas de dimensões infinitas [CAR 53].

Neste capítulo, apresentam-se dois modelos, um analítico e um numérico.

10.2 Modelo Analítico

No desenvolvimento deste modelo usaram-se as simplificações seguintes

[RAU 86, CAR 53, McK 62]:

1. O regime é estacionário;
2. Não há escorregamento nas paredes do canal;
3. Fluido é incompressível, desprezam-se os efeitos gravíticos e de inércia
4. Fluido Newtoniano;
5. A profundidade do canal é muito menor do que a largura e que o diâmetro do parafuso (fluxo entre superfícies infinitas paralelas);
6. Não há fluxo de material através da folga mecânica;
7. Fluxo isotérmico (não há dissipação viscosa).

Na Figura 62 mostram-se os perfis de velocidade nas direcções x e z. O perfil de velocidades na direcção z é linear dado se ter considerado o fluído como Newtoniano. Na direcção x existe uma curvatura devido ao facto de existir um fluxo circulatório transversal ao canal, como se verá a seguir. No que se refere à temperatura, devido à não existência de dissipação viscosa, a sua variação é linear (entre a temperatura do cilindro e a temperatura do parafuso).

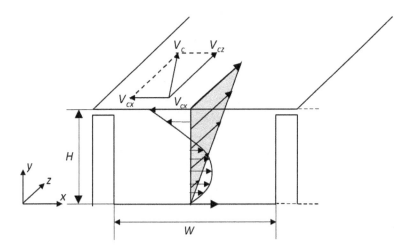

Figura 62- Perfis de velocidades na zona de bombagem: modelo Newtoniano.

A determinação dos perfis de velocidade e pressão são obtidos pela resolução das equações de momento nas direcções x e z:

$$\frac{\partial P}{\partial x} = \eta \frac{\partial^2 v_x}{\partial y^2} \qquad (199)$$

$$\frac{\partial P}{\partial y} = 0 \tag{200}$$

$$\frac{\partial P}{\partial z} = \eta \frac{\partial^2 v_z}{\partial y^2} \tag{201}$$

A integração na direcção x tem em conta que o débito nessa direcção e nulo (não há fluxo na folga), ou seja, $Q_x = 0$, e as condições fronteira seguintes: $V_x(0) = 0$ e $V_x(H) = -V_{cx}$. Assim, obtém-se as duas equações seguintes para a variação de pressão e para o perfil de velocidades, respectivamente:

$$\frac{\partial P}{\partial x} = -\frac{6\pi \, N \, D_c \sin \theta_c \, \eta}{H^2} \tag{202}$$

$$V_x = V_{cx} \frac{y}{H} \left(2 - 3\frac{y}{H} \right) \tag{203}$$

Pela equação anterior pode-se concluir que V_x é independente da pressão e da viscosidade. Como se pode observar na Figura 63, uma vez que o débito na direcção x (Q_x) é inexistente, a velocidade anula-se para $y=2/3H$. Verifica-se que este fluxo circulatório é o principal mecanismo de mistura e homogeneização do fundido. Finalmente, a pressão cresce na direcção do flanco activo até um valor máximo.

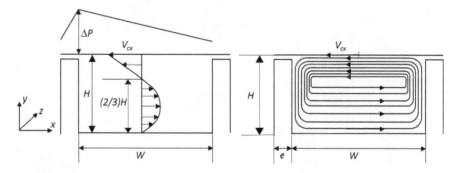

Figura 63- Perfis de velocidades e de pressões e fluxo circulatório na direcção x.

Para a integração da equação 201 na direcção z, as condições fronteira são $V_z(y=0)=0$ e $V_z(y=H)=V_{cz}$, sendo necessário ter em conta que o débito não é nulo, sendo dado por:

$$Q = \int_0^H V_{cz}\, \overline{W}\, dy \qquad (204)$$

Obtendo-se, assim, a equação seguinte para o débito na zona de bombagem:

$$Q = \frac{V_{cz}\, \overline{W}\, H}{2} - \frac{\overline{W}\, H^3}{12\,\eta}\frac{\Delta P}{Z} \qquad (205)$$

Dado que sendo $\partial P / \partial z$ é constante pode ser substituído por $\Delta P / Z$.

O primeiro termo desta equação representa o caudal de arraste (Q_D) gerado pelo movimento relativo das duas superfícies, enquanto o segundo termo é o caudal de pressão (Q_P) que resulta da resistência ao fluxo oferecida pela fieira. Na Figura 64 mostra-se a soma vectorial dos perfis de velocidades devidos ao arraste e à contra-pressão da fieira.

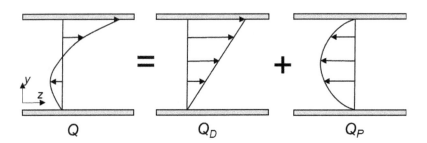

Figura 64- Perfis de velocidades devido ao débito de arraste (Q_D) e de pressão (Q_P) e ao débito total (Q) na direcção z.

Como se pode observar na Figura 64, a fieira cria uma restrição ao fluxo do material provocando um gradiente de pressões na direcção do canal, mas de sentido contrário. Deste modo, o débito da extrusora nesta zona (Q) é a soma do débito devido ao arraste viscoso (Q_D) com o débito provocado pelo gradiente de pressões (Q_P) [TAD 70, RAU 86]. Pode-se verificar que a componente da velocidade na direcção do canal (V_{cz}), tal como ilustrado na Figura 64, provoca arraste viscoso, enquanto a componente transversal (V_{cx}), ilustrada na Figura 63; induz a mistura dos aditivos do polímero e não contribui para o débito [TAD 70].

O gradiente de pressões altera o perfil de velocidades no canal, diminuindo o débito e aumentando o grau de mistura. Na Figura 65 mostram-se os perfis de velocidades na direcção z para vários valores da relação Q_P/Q_D. A Pressão máxima obtém-se quando o débito total é nulo, ou seja, igualando o débito (equação 204) a zero o resultado obtido é:

$$\Delta P_{máx} = \frac{6 V_{cz} \, \eta \, Z}{H^2} \tag{206}$$

Além disso, para cada valor de velocidade de rotação do parafuso (N) existe uma profundidade do canal (H) e um ângulo da hélice do parafuso (θ) que maximizam o débito. Para isso é necessário derivar a equação do débito em ordem a H e em ordem a θ (neste último caso considerando $H=H_{Qmáx}$), obtendo-se:

$$\begin{cases} \dfrac{dQ}{dH} = 0 \Rightarrow H_{Q_{máx}} = \sqrt{\dfrac{2\eta \pi N D \cos\theta}{\Delta P/Z}} \\[4mm] \dfrac{dQ}{d\theta} = 0 \Rightarrow \theta_{Q_{máx}} \approx 30° \end{cases} \tag{207}$$

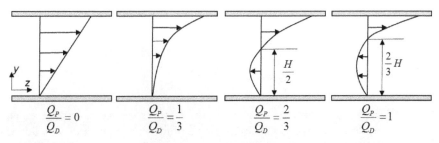

Figura 65- Perfis de velocidades para vários valores da relação Q_P/Q_D.

Uma análise conjunta da equação do débito e da Figura 65 permite ter uma ideia da sensibilidade do sistema à contra-pressão exercida pela cabeça de extrusão. Verifica-se que quanto maior for o valor de Q_P, maior a sensibilidade da extrusora a flutuações da pressão na fieira. Por exemplo, se Q_P representar somente dez por cento do valor de Q, uma mudança de cinquenta por cento na pressão na fieira causa cinco por cento de variação em Q. Todavia, se Q_P for cinquenta por cento de Q, a mesma mudança de cinquenta por cento na pressão na fieira causa, agora, vinte e cinco por cento de variação em Q.

O modelo aqui apresentado permite determinar como se pode diminuir a sensibilidade à contra-pressão. Basicamente, existem duas alternativas: i) reduzir o valor de H, uma vez que Q_P varia com H^3; ii) promover um aumento substancial da pressão na zona de sólidos, o qual se propagará através da zona de fusão fazendo com a pressão no início da zona de bombagem seja elevada.

Efeito dos Flancos do Parafuso

Na dedução da equação do débito ignorou-se o efeito dos flancos do parafuso. Esse efeito poderá ser tido em conta através da aplicação de forma para o fluxo de arraste e de pressão, respectivamente F_D e F_P, os quais têm em conta a presença dos flancos da hélice do parafuso através da diminuição dos próprios débitos. Obtendo-se, assim, a expressão seguinte para o débito na zona de bombagem:

$$Q = \frac{V_{cz}\,\overline{W}\,H}{2}\,F_D - \frac{\overline{W}\,H^3}{12\,\eta}\,\frac{\Delta P}{Z}\,F_P \qquad (208)$$

Estes factores de forma podem ser determinados pelas equações seguintes:

$$F_D = \frac{16\,\overline{W}}{\pi^3\,H}\sum_{g=1,3,\dots}^{\infty}\left(\frac{1}{g^3}\right)tgh\left(\frac{g\,\pi\,H}{2\,\overline{W}}\right) \qquad (209)$$

$$F_P = 1 - \frac{192\,H}{\pi^3\,\overline{W}}\sum_{g=1,3,\dots}^{\infty}\left(\frac{1}{g^5}\right)tgh\left(\frac{g\,\pi\,H}{2\,\overline{W}}\right) \qquad (210)$$

A Figura 66 mostra a variação destes factores de forma com a razão H/W. Tendo em conta que a largura (W) é muito maior que a profundidade do canal (H), ou seja H/W menor que 0.5, verifica-se que os factores de forma são próximos de 1 e que não são muito diferentes entre si.

Efeito da Folga

O efeito da folga entre o cilindro e a hélice do parafuso pode ser tida em conta usando a expressão seguinte [TAD 70]:

$$Q = \frac{V_{cz}\,\overline{W}\left(H - \delta_f\right)}{2} - \frac{\overline{W}\,H^3}{12\,\eta}\,\frac{\Delta P}{Z}\left(1 + f_L\right) \qquad (211)$$

Em que f_L é um factor de correcção que tem em conta a razão entre a viscosidade no canal (η) e a viscosidade na folga (η_f), sendo que este valor é diferente da viscosidade no canal do parafuso, pois o valor local de taxa de corte é muito diferente.

$$f_L = \left(\frac{\delta_f}{H}\right)^3 \frac{\eta\, e}{\eta_f\, \overline{W}} + \frac{\left(1+\dfrac{e}{W}\right)\left[-\dfrac{Q_D}{Q_P} + \dfrac{1+\dfrac{e}{W}}{tg^2\theta_c}\right]}{1+\dfrac{\eta_f}{\eta}\left(\dfrac{H}{\delta_f}\right)^3 \dfrac{e}{\overline{W}}} \qquad (212)$$

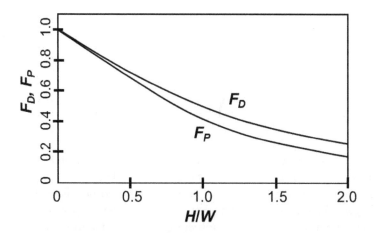

Figura 66- Factores de forma em função de H/W.

Efeito do Carácter não-Newtoniano

O modelo não-Newtoniano baseia-se numa análise semelhante à anterior, sendo que a viscosidade do polímero é determinada usando as constantes da lei da potência. A equação do débito para este caso é idêntica à equação 204, introduzindo factores de correcção que consideram o efeito da natureza não-Newtoniana do polímero [RAU 86].

$$Q = \frac{(4+n)V_{cz}\,\overline{W}\,H}{10} - \frac{\overline{W}\,H^3}{4(1+2n)\eta}\frac{\Delta P}{Z} \qquad (213)$$

Efeito da Dissipação Viscosa

Nos modelos apresentados anteriormente considerou-se o fluxo isotérmico do polímero. No entanto, principalmente nas zonas de fusão e de bombagem, é importante poder calcular o valor da temperatura do polímero com o objectivo de se poder prever a eventual degradação do material por excesso de temperatura. Tendo em conta que o fluxo neste tipo de máquinas é essencialmente de corte e considerando condições isotérmicas no cilindro e no parafuso, a temperatura média de um bloco diferencial de material compreendido entre o cilindro e o parafuso é dada por [AGA 89]:

$$\overline{T} = T_0 + \eta \frac{V_{cz}^2}{12\,k_m} \left(1 + \frac{12}{B_r}\right) [1 - \exp(-12\,C_a\,z/L)] \tag{214}$$

$$B_r = \frac{\eta\,V_{cz}^2}{k_m\,(T_c - T_{0)}} \tag{215}$$

$$C_a = \frac{\alpha\,Z_B\,\overline{W}}{Q\,H} \tag{216}$$

onde, Br é o número de *Brinkman*, que representa uma medida da importância do calor gerado por dissipação viscosa relativamente ao calor conduzido, Ca é o número de Cameron, que traduz o tipo de condições térmicas do sistema, T_0 é a temperatura do polímero no início da zona de bombagem, Z_B é o comprimento helicoidal do canal do parafuso, na zona de bombagem e L é o comprimento axial do parafuso na zona de bombagem.

Devido à dificuldade em determinar a temperatura do parafuso, consideram-se condições isotérmicas no cilindro e adiabáticas no parafuso, obtendo-se:

$$\overline{T} = T_0 + \eta \frac{V_{cz}^2}{3k_m} \left(1 + \frac{3}{B_r}\right) [1 - \exp(-12C_a z/L)] \tag{217}$$

Esta é a situação mais realista, permitindo o cálculo da temperatura média em qualquer ponto da zona de bombagem à distância z do seu início.

10.3 Modelo Numérico

O modelo numérico aqui adoptado deve ser coerente com os modelos numéricos apresentados para as zonas anteriores, devendo ser capaz de prever as variáveis de processo mais relevantes (gradiente de pressão, consumo de energia, perfil de temperaturas, distribuição de tempos de residência e grau de mistura). Para isso, deve considerar-se o fluxo não-isotérmico e bidimensional de um fluido não-Newtoniano na presença de convecção. A Figura 67 ilustra os perfis de velocidade e de temperatura para esta zona. As principais simplificações usadas neste modelo, tal como no poço de fundido da zona de fusão, são [FEN 77, FEN 79]:

11. Despreza-se o fluxo de fundido sobre a folga e o escorregamento nas paredes do canal;
12. Considera-se que polímero fundido é um líquido puramente viscoso obedecendo à lei da potência;
13. O fluxo é estacionário,
14. O fluxo de fundido está totalmente desenvolvido nas direcções transversal, x, e longitudinal, z (i.e., $\partial V_x/\partial x = 0$ e $\partial V_z/\partial z = 0$);

15. O campo de temperaturas está totalmente desenvolvido na direcção transversal do canal (i.e., $\partial T/\partial x = 0$), mas não na direcção longitudinal do canal (ou seja, $\partial T/\partial z \neq 0$);

16. Despreza-se a condução de calor na direcção do canal (i.e., $\partial^2 T/\partial z^2 \ll \partial^2 T/\partial y^2$);

17. Desprezam-se as forças de gravíticas e de inércia;
18. A velocidade do bloco de sólidos é constante.

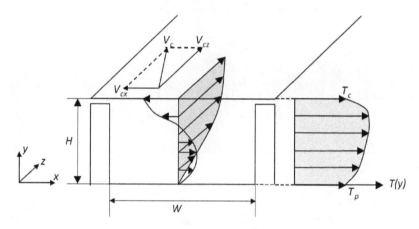

Figura 67- Secção transversal para a zona de bombagem.

Nestas condições, as equações de momento e energia e da taxa de corte são iguais às usadas no poço de fundido da zona de fusão (equações 108, 109, 171 e 173), as quais se reproduzem abaixo devido à sua importância para este texto.

$$\frac{\partial P}{\partial x} = \frac{\partial}{\partial y}\left(\eta \frac{\partial V_x}{\partial y}\right) \tag{218}$$

$$\frac{\partial P}{\partial y} = 0 \tag{219}$$

$$\frac{\partial P}{\partial z} = \frac{\partial}{\partial y}\left(\eta \frac{\partial V_z}{\partial x}\right) + \frac{\partial}{\partial y}\left(\eta \frac{\partial V_z}{\partial y}\right) \tag{220}$$

$$\rho_m \, C_m \, V_z(y) \frac{\partial T}{\partial z} = k_m\left(\frac{\partial^2 T}{\partial x^2} + \frac{\partial^2 T}{\partial y^2}\right) + \eta \, \dot{\gamma}^2 \tag{221}$$

em que a taxa de corte é dada por:

$$\dot{\gamma} = \left[\left(\frac{\partial V_x}{\partial y}\right)^2 + \left(\frac{\partial V_z}{\partial x}\right)^2 + \left(\frac{\partial V_z}{\partial y}\right)^2\right]^{\frac{1}{2}} \tag{222}$$

e as condições fronteira são dadas por :

$$\begin{cases} V_x(y=0)=0 \\ V_x(y=H)=-V_{cx} \end{cases} \begin{cases} V_z(x=0)=0 \\ V_z(x=W)=0 \\ V_z(y=0)=0 \\ V_z(y=H)=V_{cz} \end{cases} \begin{cases} T(x=0)=T_p \\ T(x=W)=T_p \\ T(y=0)=T_p \\ T(y=H)=T_c \end{cases} \tag{223}$$

Na resolução destas equações deve considerar-se que o débito na direcção x é nulo e na direcção z é:

$$Q = \int_0^H \overline{W} \, V_{cz}(y) \, dy \tag{224}$$

Estas duas equações adicionais permitem obter por diferenças finitas um sistema de equações cujo resultado será o perfil de pressões na direcção do canal e os perfis transversais de temperatura e velocidade.

10.4 Consumo de Potência

Nesta zona o consumo total de potência mecânica (e_m) é a soma da potência dissipada no canal do parafuso (e_{cp}), da potência dissipada na folga (e_{folga}) e da potência devida ao gradiente de pressões (e_P) [TAD 70, RAU 86].

$$e_m = e_{cp} + e_p + e_{folga} \tag{225}$$

$$e_{cp} = \frac{\eta \, V_c^2}{H} \left\{ \cos^2 \theta_c \left[1 + 3 \left(\frac{Q_P}{Q_D} \right)^2 \right] + 4 \sin^2 \theta_c \right\} \overline{W} \, \Delta Z \tag{226}$$

$$e_p = Q \, \Delta P \tag{227}$$

$$e_{folga} = \frac{\eta_f \, V_c^2 \, e}{\delta_f} \, \Delta Z \tag{228}$$

10.5 Distribuição de tempos de residência

O grau de mistura de um fundido específico aumenta com a geração de área interfacial entre os seus componentes individuais e com o tempo de residência médio dentro da extrusora. O aumento da área interfacial é proporcional ao aumento da tensão de corte do polímero fundido. A tensão sofrida por cada partícula de polímero varia de acordo com sua posição no canal de parafuso, como se viu anteriormente. Partículas perto do cilindro e da raiz do parafuso sofrem um maior nível de tensão do que aquelas que passam pelo centro do canal. Portanto, a tensão média pode ser usada como um critério relativamente simples, mas satisfatório para quantificar o grau de mistura numa extrusora [PIN 70, BIG 73, BIG 74].

Pinto e Tadmor [PIN 70] determinaram a distribuição de tempos de residência (*Residence Time Distribution* – RTD) e o "grau de mistura" (por meio de uma média ponderada da deformação total – WATS, cujos detalhes de cálculo podem ser encontrados em Gaspar-Cunha [GAS 09]), assumindo o fluxo isotérmico de um fluido Newtoniano entre placas paralelas. A equação resultante para o tempo de residência é:

$$t_R = \left[\frac{L}{3\,V_c \sin\overline{\theta}\,\cos\overline{\theta}\left(1 - \dfrac{Q_P}{Q_D}\right)} \right] \frac{3a - 1 + 3\sqrt{1 + 2a - 3a^2}}{a\left[1 - a + \sqrt{1 + 2a - 3a^2}\right]} \tag{229}$$

sendo: L o comprimento longitudinal do parafuso e a a profundidade reduzida do canal ($a=y/H$). Com esta equação é possível calcular o tempo de residência na zona de bombagem de uma partícula na posição a.

Assim, pode concluir-se que o tempo mínimo de residência ocorre quando $a = 2/3$ e aumenta na direcção da superfície do cilindro ($a=0$) e na direcção da raiz do parafuso ($a=1$). O tempo médio de residência é dado por:

$$\bar{t} = \frac{2\,L}{V_c \sin\overline{\theta}\,\cos\overline{\theta}\left(1 + \dfrac{Q_P}{Q_D}\right)} \tag{230}$$

A média ponderada da deformação total, designada por WATS (weigthed-average total strain), é obtida de:

$$WATS = \overline{\gamma} = \int_0^\infty \gamma\, f(t)\,dt \tag{231}$$

Este valor pode ser calculado de uma forma expedita usando a equação seguinte [TAD 06].

$$WATS = \overline{\gamma} = \frac{2\,L}{H\left(1 - \dfrac{Q_P}{Q_D}\right)}, \qquad -\frac{1}{3} \leq \frac{Q_P}{Q_D} \leq \frac{1}{3} \tag{232}$$

10.6 Ponto Operatório

A equação do débito para a zona de bombagem (equação 204) permite construir o gráfico da Figura 68, tendo em conta um fluido Newtoniano. O débito é máximo quando Q_P é nulo (i.e., $Q=Q_D$), e à medida que a pressão aumenta o débito vai diminuindo até que $Q_P=Q_D$, o que ocorre quando a pressão é máxima (como se ilustra no gráfico). Quando a velocidade de rotação do parafuso (N) sofre variações só o débito de arraste é afectado. Esse efeito é ilustrado na Figura 68 com as duas linhas paralelas a tracejado.

Como esperado, um aumento da velocidade de rotação produz um aumento quase linear do débito. Como foi referido anteriormente, a extrusora deve gerar a pressão necessária para que o polímero fundido atravesse a fieira à taxa desejada. É, também, óbvio que a pressão é gerada desde a tremonha, o que significa que no início da zona de bombagem a pressão não é nula

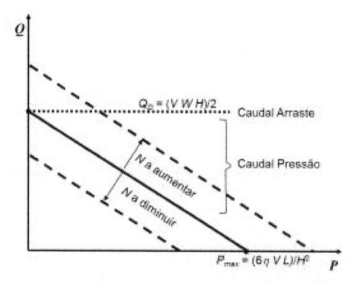

Figura 68- Débito em função da pressão gerada na zona de bombagem: efeito da velocidade de rotação do parafuso.

A equação 233 relaciona o débito e a queda de pressão na fieira para um fluido Newtoniano, sendo G uma constante geométrica que depende da geometria do canal de fluxo da fieira. Para cada geometria específica haverá uma constante geométrica e uma taxa de corte que permitirão calcular: o débito em função da queda de pressão e vice-versa e a viscosidade para a taxa de corte definida. Na Figura 69 representa-se a o débito em função da pressão necessária para que o polímero atravesse uma determinada fieira. A figura mostra, também, o efeito da viscosidade e do tipo de geometria no declive da recta. Um aumento da viscosidade provoca uma diminuição do declive, enquanto o declive da recta diminui quando a fieira é mais restritiva ao fluxo, ou seja, para fieiras com secção mais pequena ou com comprimento maior (valor tido em conta na constante geral G).

$$Q_{fieira} = G \frac{\Delta P_{fieira}}{\eta_{fieira}}$$ (233)

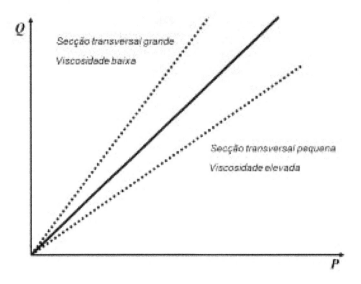

Figura 69- Débito em função da pressão para uma fieira genérica: efeito da viscosidade e da geometria da fieira.

A junção destas duas rectas produz o que se designa por ponto operatório da máquina, ou seja, quando se faz a junção de uma extrusora com uma fieira específicas o débito que atravessa os dois dispositivos deve ser igual e a pressão gerada na extrusora é consumida totalmente na fieira. Este conceito é ilustrado na Figura 70 pelos pontos de cruzamento das rectas da extrusora e fieira definidas. Tomando como por exemplo o ponto 1, o conjunto extrusora-fieira especificados operam à pressão P_1 e débito Q_1. Ilustra-se igualmente o efeito da velocidade de rotação do parafuso, onde o ponto operatório poderá mover-se entre os pontos 2 e 3 quando se varia N e entre os pontos 3 e 4 quando se varia a geometria da fieira ou quando a viscosidade varia na fieira (quer pelo efeito da temperatura quer pela variação da taxa de corte).

Uma das formas mais eficiente de variação do ponto operatório é através da geometria do canal da zona de medição, a qual pode ser realizada alterando a profundidade do canal (H). A Figura 71 ilustra este efeito. Como o valor de H faz parte dos dois termos da equação do débito; verifica-se que aumentando H o valor de Q_D aumenta linearmente enquanto o valor de Q_P aumenta ao cubo. O efeito destas alterações no ponto operatório mostram-se na Figura 71. Três diferentes situações podem ocorrer quando se aumenta H: i) para uma fieira menos restritiva o débito aumenta (Fieira 1 na Figura 72); ii) o débito permanece constante no caso da Fieira 2; iii) o débito diminui para fieiras mais restritivas (Fieira 3).

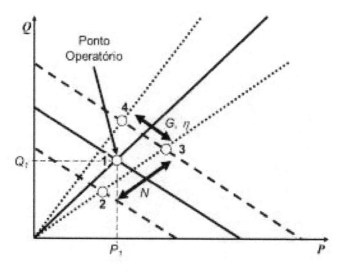

Figura 70- Ponto operatório: efeito da velocidade de rotação do parafuso, da viscosidade na fieira e da geometria da fieira.

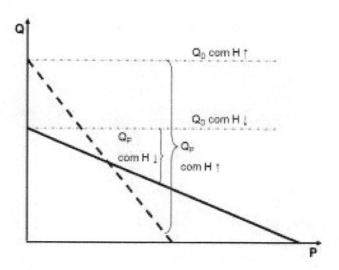

Figura 71- Efeito da profundidade do canal na curva de pressão da extrusora.

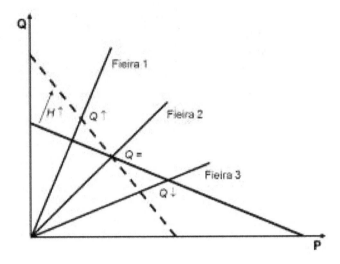

Figura 72- Ponto operatório: efeito da profundidade do canal na zona de medição.

10.7 Exercícios de Aplicação

1. Considere o conjunto extrusora-fieira esquematizado na figura, e os perfis de pressão e temperatura indicados. Sabendo que o parafuso roda a 100 rpm e que o material é um HDPE e se encontra todo fundido no fim da zona de compressão e que a pressão nesse ponto é dada no gráfico da Figura 73. Determine a contra pressão na cabeça de extrusora e o débito do conjunto.

Nota. - Antes de iniciar os cálculos, exponha a metodologia para a resolução do problema.

Parafuso:
- Passo quadrado
- D_p = 59.8 mm

- Taxa de compressão=3
- Largura dos filetes=5 mm
- Folga (δ_f) = 0.1 mm

Dados do material:
<u>Propriedades físicas:</u>
Massa específica na alimentação= 630 kg/m³
Massa específica do material sólido= 950 kg/m³

Coef. atrito material/tremonha = 0.30
Coef. atrito material/parafuso = 0.25
Coef. atrito material/cilindro = 0.4
Ângulo de atrito das partículas = 33,7°

Massa específica do fundido (kg/m³):

T=25°C – 950
T=150°C – 800
T=179°C – 760
T=180°C – 750
T=200°C – 750

Propriedades térmicas:
Condutividade térmica do fundido = 0.51 J/m.s.K
Calor específico do fundido = 2300 J/kg/.K
Calor específico do sólido = 1317 J/kg/.K
Calor latente de fusão = 230 kJ/kg
Temperatura de fusão = 130 °C

Viscosidade: Lei da Potência	n	0.345	--
	k_0	29.94	kPa s^{-1}
	a	0.00681	°C^{-1}
	T_0	190	°C

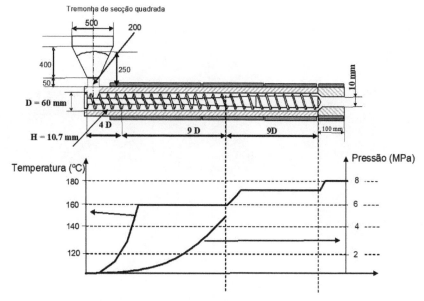

Figura 73- Geometria da extrusora e fieira e perfil de temperaturas no cilindro.

$$Q_{fieira} = \frac{\pi\ R^4}{8\ L}\frac{\Delta P_{fieira}}{\eta_{fieira}} \tag{234}$$

$$\dot{\gamma}_{fieira} = \frac{4\ Q_{fieira}}{\pi\ R^3} \tag{235}$$

11 DESENVOLVIMENTOS TECNOLÓGICOS

11.1 Rasgos no Cilindro

11.1.1 Introdução

Realizaram-se inúmeros estudos teóricos e experimentais utilizando extrusoras com rasgos no cilindro [BOE 90, POT 85, RAUT 82a, RAUT 82b, GRÜ 84, RAU 86, POT 88, POT 89, GOL 71]. Destes estudos pode verificar-se que existem dois métodos de abordagem do problema, o primeiro considera que o coeficiente de atrito polímero-cilindro com rasgos pode ser substituído por um coeficiente de atrito efectivo médio, o segundo método considera a existência de fluxo de grânulos do polímero ao longo dos rasgos. Para o cálculo do coeficiente médio de atrito serão apresentados quatro modelos, para os quais foram realizadas algumas simulações com o objectivo de verificar a sua adequabilidade e a sua sensibilidade à mudança de geometria do sistema, sendo os resultados obtidos apresentados e discutidos. No que se refere ao segundo método de cálculo, não será abordado nestas notas.

O calor gerado por atrito na superfície do cilindro é proporcional ao valor do coeficiente de atrito, sendo portanto muito maior no caso da existência de rasgos, o que faz com que a taxa de aumento de temperatura seja também mais elevada. Deste modo, é necessário que esta zona esteja isolada termicamente das seguintes e que a sua temperatura seja controlada e mantida abaixo da temperatura de fusão ou de um valor acima da temperatura de transição vítrea, consoante os polímeros sejam mais ou menos amorfos [POT 88]. Este isolamento evita que o polímero comece a fundir, iniciando-se a zona de atraso.

11.1.2 Geometria do Sistema

O objectivo dos rasgos é aumentar o coeficiente de atrito entre os grânulos de polímero sólido e as paredes internas do cilindro que, como se sabe, faz aumentar a capacidade de débito da extrusora. Os rasgos podem ser longitudinais ou helicoidais, como se representam na Figura 74.

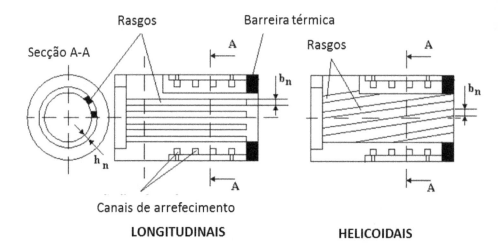

Figura 74- Rasgos longitudinais e helicoidais no cilindro.

Geralmente a profundidade dos rasgos (h_N) não é constante, mas varia desde um valor máximo à entrada dos rasgos (h_{N0}) até se anular à saída, obedecendo à equação:

$$h_N = h_{N0} - A_N Z_N \tag{236}$$

sendo: A_N o declive e Z_N o comprimento dos rasgos.

11.1.3 Coeficiente de Atrito Efectivo Médio

Este método considera que o aumento de atrito provocado pelos rasgos, pode ser quantificado desde que se substitua o coeficiente de atrito polímero-cilindro pelo coeficiente de atrito efectivo médio [POT 85].

O coeficiente de atrito efectivo médio é devido ao facto de que quando o bloco de sólidos se move ao longo do canal do parafuso, o atrito do lado do cilindro varia entre o atrito polímero-cilindro e o atrito interno (polímero-polímero), Figura 75.

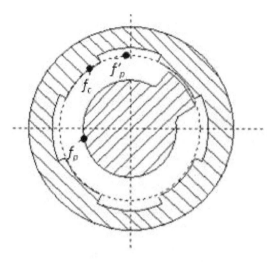

Figura 75- Coeficiente de atrito com rasgos.

Ao implementar um método deste tipo deve ter-se em atenção a grande simplificação que se faz, pois considera-se que a dinâmica de transporte não sofre alterações. Foram propostos vários modelos para o cálculo do coeficiente de atrito médio:

- *Goldacker* - 1971 [GOL 71],

- *Potente* - 1985 [POT 85],

- *Rautenbach* e Peiffer - 1982 [RAUT 82a, RAUT 82b] e

- *Grünschloβ* - 1984 [GRÜ 84].

Goldacker [GOL 71] considerou que o coeficiente de atrito efectivo médio (f_{ef}) devia ter em conta o coeficiente de atrito polímero-cilindro (f_c), o coeficiente de atrito interno (f_p') e a superfície dos rasgos:

$$f_{ef} = f_c + \left(f_p' - f_c\right)\frac{B}{\pi D_c} \tag{237}$$

sendo: D_c diâmetro interno do cilindro e B largura total dos rasgos, dada por:

$$B = b_N \, N_N \tag{238}$$

Este é um método expedito e simples, mas não tem em conta o número de rasgos nem a sua profundidade, parâmetros cuja influência pode ser considerável, como verificaram *Rautenbach, Peiffer* e *Grünschloβ* [RAUT 82a, RAUT 82b, GRÜ 84].

Deste modo, *Potente* [POT 85] considera que a equação para o coeficiente de atrito efectivo médio devia ter a seguinte forma:

$$f_{ef} = f_c + \left(f_p' - f_c\right)\frac{B}{\pi D_c}\left\{1 - \exp\left[-\alpha\left(\frac{h_N}{B}N_N\right)^{\beta}\right]\right\}$$ (239)

sendo α e β constantes empíricas, que devem ter o valor **5** e **0.9**, respectivamente [POT 85].

Tendo em conta que os coeficientes de atrito na superfície interna do cilindro e na base dos rasgos (f_{Na}) podem ser diferentes, a equação anterior é substituída por:

$$f_{ef} = \left[f_c + \left(f_p' - f_c\right)\frac{B}{\pi D_c}\right]\left\{1 - \exp\left[-0.65\left(\frac{f_{Na}}{f_c} - 1\right)^{1.2}\right]\right\} +$$

$$\left[f_c + \left(f_p' - f_c\right)\frac{B}{\pi D_c}\left\{1 - \exp\left[-5\left(\frac{h_N}{B}N_N\right)^{9}\right]\right\}\right]$$ (240)

$$\exp\left[-0.65\left(\frac{f_{Na}}{f_c} - 1\right)^{1.2}\right]$$

para: $f_{NA} \geq f_c$.

Rautenbach e *Peiffer* [RAUT 82a, RAUT 82b] desenvolveram um modelo para o coeficiente de atrito efectivo médio baseado em balanços de forças para um elemento de volume do canal, usando uma lei do material (Lei de *Hooke*). Considerando que os grânulos de polímero fluem no canal como um bloco coeso, desprezando as forças de inércia e gravidade e desprezando a distribuição de tensões transversais à direcção do canal, é possível, com o sistema de coordenadas da Figura 76 e um balanço das forças de atrito que actuam nos rasgos, chegar à expressão [RAUT 82a]:

$$f_{ef} = \frac{1}{e^{A^+\varphi_E} - 1}\sum_{n=1}^{M}\left\{f_c\left[e^{A^+\left(n\varphi_F + (n-1)\varphi_N\right)} - e^{A^+(n-1)\left(\varphi_N + \varphi F\right)}\right]\right.$$

$$\left. + f_p'\left[e^{A^+ n\left(\varphi_N + \varphi F\right)} - e^{A^+\left(n\varphi_F + (n-1)\varphi_N\right)}\right]\right\}$$ (241)

sendo:

$$M = \frac{\varphi_E}{\varphi_F + \varphi_N} \tag{242}$$

φ_E é o comprimento do canal do parafuso adimensional:

$$\varphi_E = 2 \pi E \cos\theta_C \tag{243}$$

φ_N é o ângulo da zona dos rasgos:

$$\varphi_N = arctg \frac{b_N}{D_c} \tag{244}$$

φ_F é o ângulo da zona sem rasgos:

$$\varphi_F = \frac{2\pi - N_N \, \varphi_N}{N_N} \tag{245}$$

A^+ pode ser considerada uma constante e igual a 0.5, pois não influencia significativamente o resultado final, E é o número de espiras com rasgos e θ_c é o ângulo de inclinação da hélice do parafuso.

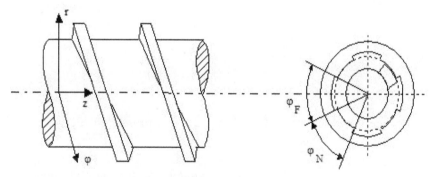

Figura 76- Sistema de coordenadas.

A obtenção desta equação é possível porque a dependência do coeficiente de atrito efectivo médio em relação ao ângulo de transporte de sólidos (φ) é pequena. O ângulo de transporte decresce à medida que se progride no canal, devido ao facto de a pressão aumentar e o bloco de sólidos ficar cada vez mais compacto. Deste modo, o cálculo deste ângulo é um processo interactivo, sendo necessário em primeiro lugar obter o seu valor inicial (φ_0) e o débito (Q) [RAUT 82a]:

$$\varphi_0 = \arcsin\left[-\frac{\dfrac{D_i\, f_c^2}{D_c\, f_{ef}}}{1 + f_c^2} + \sqrt{\left(\frac{\dfrac{D_i\, f_c^2}{D_c\, f_{ef}}}{1 + f_c^2}\right)^2 + \frac{1 - \left(\dfrac{D_i\, f_c^2}{D_c\, f_{ef}}\right)^2}{1 + f_c^2}} \right] - \theta_c \quad (246)$$

$$Q = \rho_s\, \pi\, N\, D_c\, A_f\, \frac{tg\theta_c\; tg\varphi_0}{tg\theta_c + tg\varphi_0} \tag{247}$$

onde:

$$A_f = \frac{\pi}{4}\left(D_c^2 - D_i^2\right) - \frac{e\,H}{\sin\theta_c} \tag{248}$$

sendo: N a velocidade de rotação do parafuso, θ_c o ângulo de inclinação da hélice e D_i o diâmetro interno do parafuso.

O ângulo de transporte pode então ser obtido, em qualquer ponto ao longo da zona de transporte de sólidos, a partir da equação seguinte:

$$\phi = arctg\left[\frac{1}{\dfrac{D_c\, A_f\, \pi N}{Q}\, \rho_s - \cotg\theta_c} \right] \tag{249}$$

em que ρ_s é obtido para as condições locais de pressão e temperatura.

Grünschloß [GRÜ 84] desenvolveu um modelo que considera a existência de fluxo transversal de grânulos de polímero nos rasgos (Figuras 77 e 78). Através de uma análise qualitativa *Grünschloß* verificou que este fluxo transversal ocorria principalmente quando o valor de h_N/b_N é baixo (Figura 78). Isto significa que a determinação do valor do coeficiente de atrito efectivo médio dependerá deste quociente, podendo ocorrer duas situações: i) se h_N/b_N for maior que um valor crítico, o coeficiente de atrito efectivo médio será obtido a partir da equação 237; ii) caso contrário, o seu valor varia entre o valor dado pela equação 237 e f_c. É precisamente nesta segunda situação, localizada no fim da zona dos rasgos, que se desenvolvem maiores pressões, tendo por isso mais importância no desempenho dos rasgos. Os estudos práticos de *Grünschloβ* permitiram construir o modelo mostrado na Figura 79.

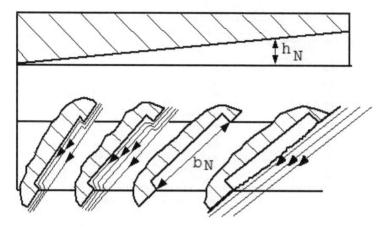

Figura 77- Fluxo transversal de grânulos nos rasgos.

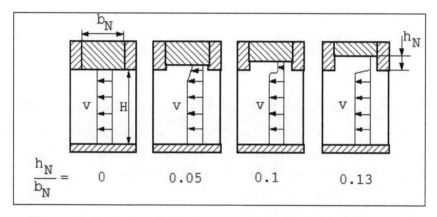

Figura 78- Perfis de velocidades no canal do parafuso e transversal aos rasgos.

O modelo derivado é baseado no facto de que, a potência total consumida para manter o fluxo de grânulos, de acordo com o processo ilustrado na Figura anterior, se ajusta naturalmente para um valor mínimo $(P_{Ges\ min})$.

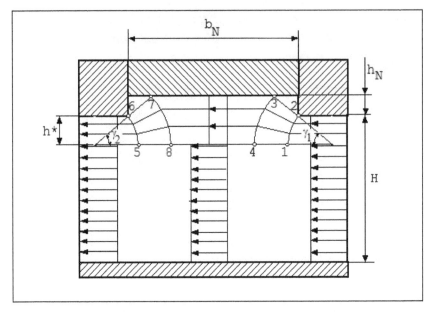

Figura 79- Modelo que ilustra o fluxo transversal aos rasgos.

A potência total (P_{Ges}) é devida: às deformações nas zonas 1-2-3-4 e 5-6-7-8, às deflexões nas zonas 1-2, 3-4, 5-6 e 7-8 e ao atrito nas zonas 1-4, 5-8, 2-3, 6-7, 3-7 e 4-8. Sendo obtida a partir da soma de todas estas componentes.

$$P_{Ges} = 4\,P_{1-2} + 2\,P_{1-2-3-4} + 2\,P_{1-4} + 2\,P_{2-3} + P_{3-7} + P_{4-8} \qquad (250)$$

onde: $P_{1-2} = P_{3-4} = P_{5-6} = P_{7-8}$ são os consumos de potência adimensional devido às deflexões nas zonas 1-2, 3-4, 5-6 e 7-8; $P_{1-2-3-4}$ $=P_{5-6-7-8}$ são os consumos de potência adimensional devido às deformações nas zonas 1-2-3-4 e 5-6-7-8; $P_{1-4} = P_{5-8}$ são os consumos de potência adimensional devido ao atrito interno nas zonas 1-4 e 5-8; P_{2-3} $=P_{6-7}$ são os consumos de potência adimensional devido ao atrito interno com o material estagnado nas zonas 2-3 e 6-7; P_{3-7} é o consumo de potência adimensional devido ao atrito na zona 3-7 e P_{4-8} é o consumo de potência adimensional devido ao atrito na zona 4-8.

Estes valores dependem de γ_1, γ_2 e h^*, podendo ser obtidos através das equações seguintes, desde que se considere que $\gamma_1 = \gamma_2 = \gamma$.

$$P_{1-2} = \frac{h^*}{b_N} \frac{\sin^2(\omega - \varphi)}{tg\gamma} \left(\sqrt{1 + \frac{tg^2\gamma}{\sin^2(\omega + \varphi)}} - 1 \right) \tag{251}$$

$$P_{1-2-3-4} = \frac{h^*}{b_N} \ln\left(1 + \frac{h_N}{h^*} \right) \tag{252}$$

$$P_{1-4} = \frac{h_N^2}{2b_N \sin\gamma \left(h^* + \dfrac{h_N}{2} \right)} \tag{253}$$

$$P_{2-3} = \frac{h^* h_N}{b_N \sin\gamma \left(h^* + \dfrac{h_N}{2} \right)} \tag{254}$$

$$P_{3-7} = \frac{h^*}{h^* + h_N} \frac{f_{Na}}{f_{p-p}} \left(1 - \frac{2h_N}{b_N tg\gamma} \right) \tag{255}$$

$$P_{4-8} = \frac{h^*}{h^* + h_N} \left(1 + \frac{2h^*}{b_N} \left(\frac{1}{tg\gamma} - \frac{1}{\sin\gamma} \right) - \frac{2h_N}{b_N \sin\gamma} \right) \tag{256}$$

sendo: h^* o nível de divergência dos rasgos (Figura 79), γ o ângulo da zona de deformação (Figura 79) e ω o ângulo de inclinação da hélice dos rasgos (no caso de rasgos longitudinais $\omega = 0$).

Desta forma P_{Ges} depende de dois valores γ e h^*, sendo necessário minimizar a função $P_{Ges} = f(\gamma, h^*)$ utilizando um método numérico de minimização. Neste caso o método utilizado para a determinação de P_{Gesmin} foi o algoritmo de *Rosenbrok*, que é um método numérico adequado para a optimização de funções de várias variáveis.

Pode-se então obter o valor do coeficiente de atrito que actua na área dos rasgos (f_e) através de:

$$f_e = f_p' P_{Ges\,min} \tag{257}$$

Finalmente, o coeficiente de atrito efectivo médio que actua no cilindro pode ser calculado iterativamente em qualquer ponto da zona dos rasgos, substituindo f_p por f_e na expressão 2:

$$f_{ef} = f_b + \left(f_e - f_b\right)\frac{B}{\pi D_b} \tag{258}$$

11.1.4 Estudo de Aplicação dos Modelos Apresentados

Dados geométricos

A extrusora a utilizar nos cálculos tem um parafuso de passo quadrado com o diâmetro de 36 mm e uma razão L/D igual a 26. Possuindo ainda a possibilidade da inclusão opcional de secções com rasgos de geometrias diferentes, com o comprimento de $4D$ (144 mm) e onde a profundidade varia linearmente desde um valor máximo (2 mm) no inicio dos rasgos, até se anular à saída. Na tabela seguinte mostram-se as várias configurações usadas nos rasgos.

Tabela 4- Configurações dos rasgos.

Configuração	N_N	b_N (mm)	N_N*b_N (mm)
1	12	5.0	60
2	10	6.0	60
3	8	7.5	60
4	6	10.0	60
5	4	15.0	60
6	12	4.0	48
7	12	6.0	72

Propriedades do polímero

O polímero usado nos cálculos é um Polietileno de Alta Densidade (HDPE) cujas propriedades relevantes para a zona de transporte de sólidos são fornecidas na tabela seguinte.

Tabela 5- Coeficientes de atrito.

Coeficiente de atrito polímero-cilindro	0.45
Coeficiente de atrito polímero-parafuso	0.25
Coeficiente de atrito interno	0.669

Coeficiente de atrito médio

Os resultados apresentados a seguir mostram a influência do modelo de cálculo e do número, largura e profundidade dos rasgos no valor do coeficiente de atrito médio. Foram usadas as geometrias dos rasgos da tabela 4, para os 4 modelos de cálculo considerados.

A Figura 80 mostra a variação do coeficiente de atrito médio com a profundidade do canal para os vários modelos de cálculo e a configuração 1 (Tabela 4).

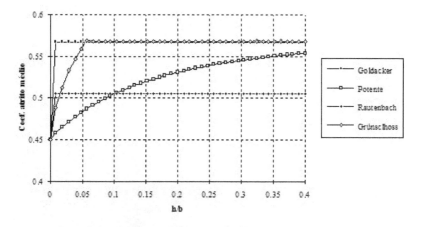

Figura 80- Coeficiente de atrito médio *versus* profundidade dos rasgos.

Como seria de esperar o coeficiente de atrito médio obtido pelos modelos de *Goldacker* e *Rautenbach* não é influenciado pela profundidade do canal dos rasgos. Enquanto no modelo de *Potente* varia continuamente, e no modelo de *Grünschloβ* só varia quando o valor de h_N/b_N está abaixo de um determinado valor (neste caso 0.06). A partir deste valor o coeficiente de atrito médio é igual ao do modelo de *Goldacker*, isto acontece, porque a equação usada é a mesma (equações 237 e 258) quando $P_{Gesmín}$ tende para 1.

Nos modelos de *Goldacker* e *Potente* o coeficiente de atrito médio não varia com as configurações dos rasgos (Figuras 81 e 82). No modelo de *Rautenbach* essa variação é aleatória, e para número de rasgos inferiores a 6 o coeficiente de atrito médio é inferior ao coeficiente de atrito polímero-cilindro (Figura 83). O modelo de *Grünschloβ* produz ligeiras variações com o número de rasgos (Figura 84).

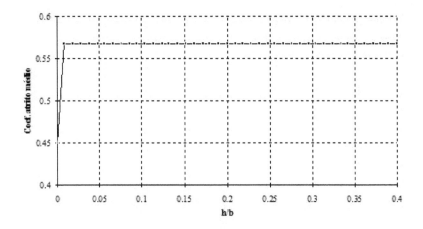

Figura 81- Coeficiente de atrito médio no modelo de *Goldacker* (configurações 1 a 5).

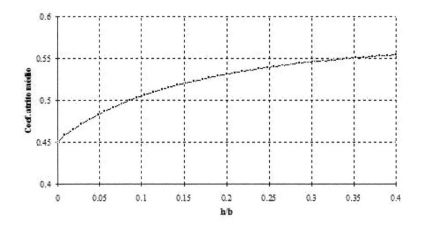

Figura 82- Coeficiente de atrito médio no modelo de *Potente* (configurações 1 a 5).

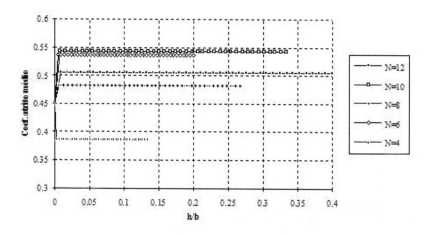

Figura 83- Coeficiente de atrito médio no modelo de *Rautenbach* (configurações 1 a 5).

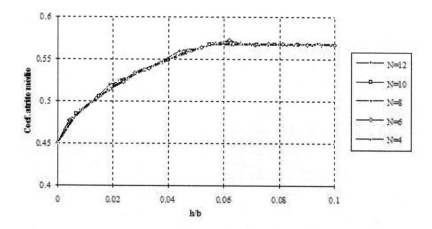

Figura 84- Coeficiente de atrito médio no modelo de *Grünschloβ* (configurações 1 a 5).

O coeficiente de atrito médio é fortemente influenciado pela largura total dos rasgos (**B**). Como se pode observar (Figuras 17, 18, 19 e 20), todos os modelos contemplam este factor.

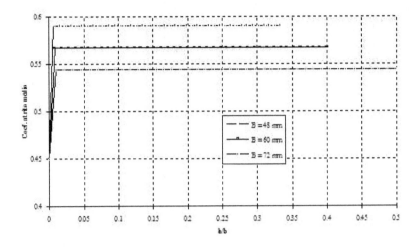

Figura 85- Coeficiente de atrito médio para várias larguras totais dos rasgos (*Goldacker*).

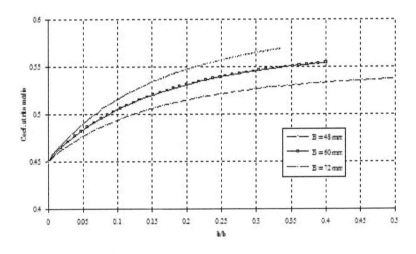

Figura 86- Coeficiente de atrito médio para várias larguras totais dos rasgos (*Potente*).

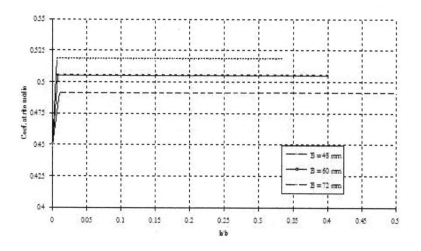

Figura 87- Coeficiente de atrito médio para várias larguras totais dos rasgos (*Rautenbach*).

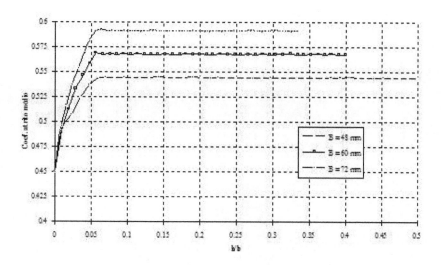

Figura 88- Coeficiente de atrito médio para várias larguras totais dos rasgos (*GrünschloΒ*).

O aumento do coeficiente de atrito médio é proporcional ao aumento de *B*, Tabela 6.

Tabela 6- Coeficiente de atrito em função de B para os vários modelos.

Modelo	B (mm)	f_{ef}(máximo)
Goldacker	48/60/72	0.544/0.567/0.591
Potente	48/60/72	0.537/0.554/0.569
Rautenbach	48/60/72	0.491/0.505/0.519
Grünschloβ	48/60/72	0.544/0.568/0.591

A Figura 89 mostra a variação do coeficiente de atrito médio com o coeficiente $A+$, do modelo de *Rautenbach*. Como se verifica este coeficiente não influencia significativamente o coeficiente de atrito, uma variação de $A+$ de 0.1 a 0.9 produz uma variação desde 0.551 a 0.482 no atrito.

O valor de $A+$ pode ser calculado com base no cálculo numérico do momento [RAUT 82a]. Os autores verificaram que o seu valor não varia significativamente com a contra-pressão, com a velocidade de rotação e com a geometria da zona dos rasgos (para geometrias similares).

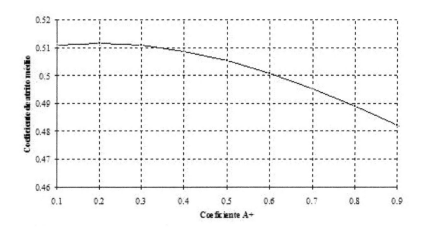

Figura 89- Influência de $A+$ no coeficiente de atrito médio.

Influência no processo global

Um maior coeficiente de atrito médio na zona de transporte de sólidos com rasgos, implica uma geração de pressão maior nesta zona, e como consequência um maior débito. Por isso os modelos que proporcionam a obtenção de um coeficiente de atrito médio mais elevado (*Goladcker* e *Grünschlo*β) tem também como resultado um maior débito e desenvolvem uma pressão maior (Figura 90 e Tabela 7).

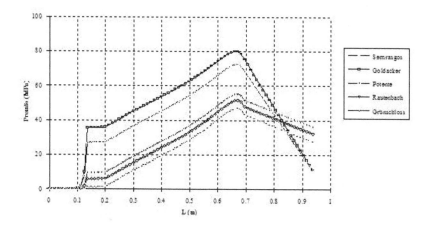

Figura 90- Perfil de pressões para os vários modelos.

Tabela 7- Débito obtido com os vários modelos.

Modelo	Débito (kg/hr)
Sem rasgos	8.06
Goldacker	8.32
Potente	8.07
Rautenbach	8.07
*Grünschlo*β	8.17

11.2 Secções de Mistura

11.2.1 Secções de Mistura Dispersiva

De entre as soluções disponíveis, consideram-se aqui, pela sua importância prática, dois tipos de secções: Torpedo (Figura 91) e *Maddock* (Figuras 92 e 93). As secções de mistura tipo *Maddock* podem ter os canais paralelos ao eixo (Figura 92) ou inclinados - *Union Carbide* (Figura 93). As equações a utilizar para estes dois casos são as mesmas, desde que se considere que o ângulo de inclinação, no primeiro caso, seja zero.

As simplificações usadas para simular o escoamento neste tipo de secções são idênticas às que se usam em secções normais do parafuso [TAD 70], ou seja, considera-se que o cilindro roda e a secção está parada e imaginam-se os canais desenrolados (Figura 94).

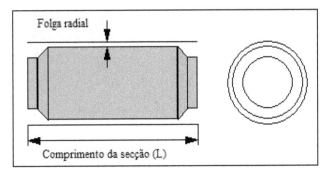

Figura 91- Secção de mistura tipo "Torpedo".

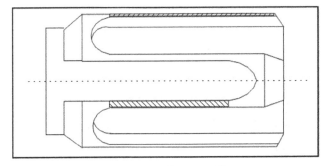

Figura 92- Secção de mistura tipo "*Maddock*".

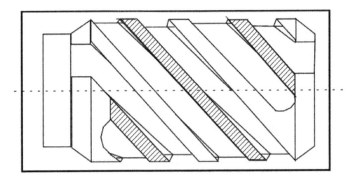

Figura 93- Secção de mistura tipo "*Union Carbide*".

De acordo com Rauwendaal [RAU 86], considerando que o efeito da velocidade de rotação do parafuso na viscosidade não pode ser desprezado, a queda de pressão numa secção tipo **torpedo** será:

$$\Delta P = (q+r)^{\frac{1}{3}} + (q-r)^{\frac{1}{3}} \tag{259}$$

em que:

$$q = \frac{40 k_0^3 \, \Delta L \, Q}{\pi D_c \, \delta_T^3} \tag{260}$$

$$r = \left(q^2 - t^2\right)^{\frac{1}{3}} \tag{261}$$

$$t = \frac{-20 \tau_T^2 \, \Delta L^2}{9 \delta_T^2} \tag{262}$$

$$\tau_T = k \left(\frac{V_b}{\delta_T}\right)^n \tag{263}$$

sendo: ΔL o comprimento longitudinal da secção (Figura 91), δ_T a folga entre o cilindro e a secção, Q o débito volumétrico e τ_T a tensão de corte na folga.

Para a geometria indicada na Figura 83, Tadmor e Klein [TAD 70] propuseram as seguintes expressões:

$$\Delta P = P(0)\left[1 - \overline{P}^*(1)\right] \tag{264}$$

$$\overline{P}^*(1) = \overline{P}^*(0) - \left(\frac{1 - \Psi_4 - \Psi_5}{\Psi_2}\right) + \frac{\Psi_1}{\Psi_2}\left[1 - \overline{P}(1)\right] \tag{265}$$

$$\overline{P}^*(0) = \frac{\Psi_0 - 1}{\Psi_3} + 1 - \frac{R_1}{\Psi_3}\left(e^{-\sqrt{\alpha}} + \sqrt{\alpha} - 1\right) - \frac{R_2}{\Psi_3}\left(e^{\sqrt{\alpha}} - \sqrt{\alpha} - 1\right) \tag{266}$$

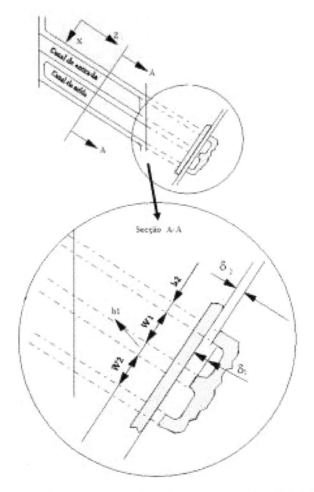

Figura 94- Parâmetros geométricos de uma secção tipo "Maddock".

$$\overline{P}(1)=1-\frac{1}{\Psi_1}\left[\frac{\left(1-\dfrac{2\beta}{\alpha}\right)\left(1-e^{-\sqrt{\alpha}}\right)}{\sqrt{\alpha}\left(1+e^{-\sqrt{\alpha}}\right)}-\Psi_4+\frac{\beta}{\alpha}\right] \tag{267}$$

sendo $P(0)$ a pressão no inicio do canal de entrada e Ψ_0, Ψ_1, Ψ_2, Ψ_3, Ψ_4, Ψ_5, α, β, R_1, R_2 e R_3 constantes que dependem da geometria do sistema e das condições de operação, cujos valores podem ser calculados através das equações seguintes:

144

$$\Psi_0 = \frac{\pi N D_c L}{2Q(0)}(\delta_1 - \delta_2) \tag{268}$$

$$\Psi_1 = \frac{W_1 H_1^3 P(0) F_{P1} \cos\varphi}{12 \eta_1 Q(0) L} \tag{269}$$

$$\Psi_2 = \frac{W_2 H_2^3 P(0) F_{P2} \cos\varphi}{12 \eta_2 Q(0) L} \tag{270}$$

$$\Psi_3 = \frac{P(0)L}{12 \cos\phi Q(0)}\left(\frac{\delta_1^3}{\eta_3 b_1} + \frac{\delta_2^3}{\eta_4 b_2}\right) \tag{271}$$

$$\Psi_4 = \frac{\pi N D_c \sin\varphi W_1 H_1 F_{D1}}{2Q(0)} \tag{272}$$

$$\Psi_5 = \frac{\pi N D_c \sin\varphi W_2 H_2 F_{D2}}{2Q(0)} \tag{273}$$

$$\alpha = \Psi_3\left(\frac{1}{\Psi_1} + \frac{1}{\Psi_2}\right) \tag{274}$$

$$\beta = \frac{\Psi_3}{\Psi_2}\left(1 - \Psi_5 + \frac{\Psi_2 \Psi_4}{\Psi_1}\right) \tag{275}$$

$$R_1 = \frac{1 - \frac{\beta}{\alpha}\left(1 - e^{-\sqrt{\alpha}}\right)}{1 - e^{-2\sqrt{\alpha}}} \tag{276}$$

$$R_2 = \frac{1 - \frac{\beta}{\alpha}\left(1 - e^{-\sqrt{\alpha}}\right)}{1 - e^{+2\sqrt{\alpha}}} \tag{277}$$

$$R_3 = \frac{\beta}{\alpha} \tag{278}$$

em que: D_c é o diâmetro do cilindro, F_{D1} e F_{D2} são os factores de forma dos canais de entrada e de saída, H_1 e H_2 são as profundidade dos canais de entrada e saída, L é o comprimento axial da secção e η_1, η_2, η_3 e η_4 são as viscosidades aparentes nos canais de entrada e de saída e sobre as barreiras 1 e 2.

11.2.2 Secções de mistura distributiva

Tomando como exemplo uma secção de mistura tipo "Ananás" (Figura 95), procurar-se-á também neste caso prever qual a queda de pressão e qual o aumento de temperatura ao longo do comprimento do dispositivo. Para o efeito, considera-se que os canais são rectangulares, como se mostra na Figura 96 [PIT 82].

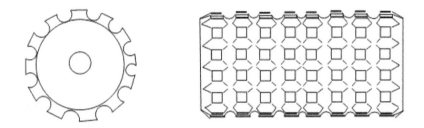

Figura 95- Secção de mistura tipo "Ananás".

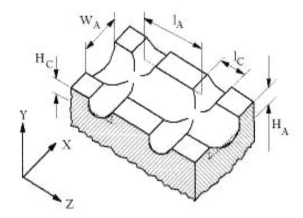

Figura 96- Geometria simplificada de uma secção tipo "Ananás".

Deste modo, a queda de pressão total no dispositivo é [PIT 82]:

$$\Delta P = \Delta P_A + \Delta P_C \tag{279}$$

$$\Delta P_A = \frac{12\,\bar{v}_A\,\bar{\eta}_A\,\bar{L}_A}{H_A^2\,F} \tag{280}$$

$$\Delta P_C = \frac{12\,\bar{v}_C\,\bar{\eta}_C\,\bar{L}_C}{H_C^2\,F} \tag{281}$$

$$v_A = \frac{Q}{W_A\,H_A\,N_A} \tag{282}$$

$$v_C = \frac{Q}{2\,\pi\,R\,H_C} \tag{283}$$

$$\dot{\gamma}_A = \left(\dot{\gamma}_{PA}^2 + \dot{\gamma}_{DA}^2\right)^{1/2} \tag{284}$$

$$\dot{\gamma}_C = \left(\dot{\gamma}_{PC}^2 + \dot{\gamma}_{DC}^2\right)^{1/2} \tag{285}$$

$$\dot{\gamma}_{PA} = \frac{3\,\bar{v}_A}{H_A} \tag{286}$$

$$\dot{\gamma}_{PC} = \frac{\bar{v}_C}{H_C} \tag{287}$$

$$\dot{\gamma}_{DA} = \frac{10\,\pi\,R\,N}{3\quad H_A} \tag{288}$$

$$\dot{\gamma}_{DC} = \frac{2\,\pi\,R\,N}{H_C} \tag{289}$$

$$F = 1 - 0.6 \frac{H_A}{W_A} \tag{290}$$

sendo: ΔP_A a queda de pressão total nos canais axiais, ΔP_C a queda de pressão total nos canais circunferenciais, $\overline{v}_A$ a velocidade média nos canais axiais, $\overline{v}_C$ a velocidade média nos canais circunferenciais, $\overline{\eta}_A$ e $\overline{\eta}_C$ as viscosidades médias nos canais axiais e circunferenciais, calculadas às taxa de corte $\dot{\gamma}_A$ e $\dot{\gamma}_C$, respectivamente, $\dot{\gamma}_{PA}$ e $\dot{\gamma}_{PC}$ as taxas de corte nos canais axiais e circunferenciais devidas à queda de pressão, $\dot{\gamma}_{DA}$ e $\dot{\gamma}_{DC}$ as taxas de corte nos canais axiais e circunferenciais devidas ao fluxo de arraste, L_A e L_C os comprimentos totais para cada tipo de canais, obtido a partir de l_A e l_C (Figura 85) e tendo em conta o número de canais num e noutro sentido, W_A e W_C as larguras para cada tipo de canal, H_A e H_C as profundidade para cada tipo de canal, F o factor que tem em conta o facto de a largura do canal ser finita e R o raio externo do dispositivo

A temperatura média é dada por:

$$\overline{T} = \frac{T_{IN} + T_{OUT}}{2} + \Delta T \tag{291}$$

em que ΔT é calculado de:

$$\Delta T = \frac{H^2}{k V} \frac{\overline{\eta}_A \dot{\gamma}^2 \tau_A + \overline{\eta}_C \dot{\gamma}^2 \tau_C}{t_A + t_C} \tag{292}$$

$$t_A = \frac{L_A}{\overline{v}_A} \tag{293}$$

$$t_c = \frac{L_C}{\overline{v}_C} \tag{294}$$

sendo: V o número adimensional de aquecimento viscoso (verificou-se experimentalmente ser igual a 25 para polietileno e poliestireno) [PIT 82], T_{IN} a temperatura do fundido no inicio da secção, T_{OUT} a temperatura do fundido no fim da secção e t_A e t_C os tempos médio de residência nos canais axiais e circunferenciais, respectivamente.

12 REFERÊNCIAS BIBLIOGRÁFICAS

[AGA 96]   J.F. Agassant, P. Avenas, J. Sergent, La Mise en Forme des Matiéres Plastiques, Lavoisier, 3rd edition, Paris (1996).

[AME 88]   K. Amellal, B. Elbirli, Performance study of barrier screws in the transition zone, Polym. Eng. Sci., 28, 311 (1988).

[BAR 71]   R. Barr, U.S. Patent, 3,698,541 (1971).

[BIG 73]   D.M. Bigg, Mixing in a Single Screw Extruder, Ph. D. Thesis, University of Massachusetts (1973).

[BIG 74]   D.M. Bigg, S. Middleman, Mixing in a Screw Extruder. A Model for Residence Time Distribution and Strain, Ind. Eng. Chem. Fundam., 13, pp. 66-71 (1974).

[BOE 90]   D. Boes, A. Krämer, V. Lohrbäccher, A. Scheneiders, 30 Years of the Grooved Bush Extruder, Kunststoffe Germ. Plast., 80, pp. 659-664 (1990).

[BRO 70]   R. L. Brown, J. C. Richards, Principles of Powder Mechanics, Pergamon Press, New York (1970)

[BRO 72]   E. Broyer, Z. Tadmor, Solids Conveying in Screw Extruders – Part I: A modified Isothermal Model, Polym. Eng. Sci., 12, pp. 12-24 (1972).

[CAR 53]   J.F. Carley, R.S. Mallouk, J.M. Mckelvey, Simplified flow theory for screw extruders, Ind. Eng. Chem., 45, 5, 974 (1953)

[CHU 71]   C.I. Chung, Plasticating Single-Screw Extrusion Theory, Polym. Eng. Sci., 11, pp. 93-98 (1971).

[CHU 75]   C.I. Chung, Maximum Pressure Developed by Solid Conveying Force in Screw Extruders, Polym. Eng. Sci., 15, pp.

29-34 (1975).

[CHU 10]   C.I. Chung, Extrusion of Polymers: Theory & Practice, 2nd Edition, Hanser, Munich (2010).

[DAR 56]   W.H. Darnell, E.A.J. Mol, Solids Conveying in Extruders, SPE J., 12, pp. 20-29 (1956).

[DEK 76]   J. Dekker, Kunststoffe-Ger. Plast., 66, 130 (1976)

[DRA 70]   R.F. Dray, D.L. Lawrence, U.S. Patent, 3,650,652 (1970).

[ELB 84]   B. Elbirli, J.T. Lindt, S.R. Gottgetreu, S.M. Baba, Mathematical Modelling of Melting of Polymers in a Single-Screw Extruder, Polym. Eng. Sci., 24, pp. 988- 999 (1984).

[FEN 77]   R.T. Fenner, Developments in the Analysis of Steady Screw Extrusion of Polymers, Polymer, 18, pp. 617-635 (1977).

[FEN 79]   R.T. Fenner, Principles of Polymer Processing, McMillan, London (1979).

[GAS 09]   A. Gaspar-Cunha, Modelling and Optimisation of Single Screw Extrusion, PhD Thesis, University of Minho, Guimarães, Lambert Academic Publishing, Koln (2009).

[GAS 14a] A. Gaspar-Cunha, J.A. Covas, The Plasticating Sequence in Barrier Extrusion Screws Part I: Modeling. Polym. Eng. and Sci., 54, pp. 1791–1803 (2014).

[GAS 14b] A. Gaspar-Cunha, J.A. Covas, The Plasticating Sequence In Barrier Extrusion Screws Part II: Experimental Assessment. Polym.-Plast. Technol. and Eng., 53, pp. 1456–1466 (2014).

[GAM 99]   E. Gamache, P.G. Lafleur, C. Peiti, B. Vergnes, Measurement of the Coefficient of Dynamic Friction at Extrusion Processing Conditions, Polym, Eng, and Sci., 39, pp. 1604-1613 (1999).

[GOL 71]   E. Goldacker, Untersuchungen zur Inneren Reibung von Pulvern, Insbesondere in Hinblick auf Die Förderung in Extrudern, Diss. RWTH Aachen, 1971.

[GRÜ 84]   E. Grünschloss, Calculation of the Mean Coefficient of Barrel Friction in Grooved Feed Sections, Kunsttoffe Germ. Plast., 74, pp. 405-409 (1984).

[HAN 96]   C.D. Han, K.Y. Lee, N.C. Wheeler, Plasticating Single-Screw Extrusion of Amorphous Polymers: Development of a Mathematical Model and Comparison with Experiment, Polym. Eng. Sci., 36, pp. 1360-1376 (1996).

[HUA 93]   H.X. Huang, Y.C. Peng, Theoretical Modelling of Dispersive Melting Mechanism of Polymers in an Extruder, Adv. Polym. Techn., 12, pp. 343-352 (1993).

[HYU 90]   K.S. Hyun, M.A. Spalding, Bulk Density of Solid Polymer Resins as a Function of temperature and Pressure, Polym. Eng. Sci, 30, pp. 571- 576 (1990).

[ING 80]   J.F. Ingen Housz, U.S. Patent, 4,218,146 (1980).

[ING 81]   J.F. Ingen Housz, H.E.H. Meijer, Polym. Eng. Sci., 21, 352 (1981).

[KAC 72]   L. Kacir, Z. Tadmor, Solids Conveying in Screw Extruders – Part III: The Delay Zone, Polym. Eng. Sci., 12, pp. 387-395 (1972).

[KAM 83]   M. R. Kamal, V. Tan, and F. Kashani, The Thermal Conductivity and Diffusivity of Polyethylene Solids and Melts,' Adv. Polym. Technol., 3, pp. 89–98 (1983).

[KIM 72]   H.T. Kim, U.S. Patent, 3,867,079 (1972).

[LEE 90]   K.Y. Lee, C.D. Han, Analysis of the Performance of Plasticating Single-Screw Extruders with a New Concept of Solid-Bed Deformation, Polym. Eng. Sci., 30, pp. 665-676 (1990).

[LIN 85]   J.T. Lindt, B. Elbirli, Effect of the Cross-Channel Flow on the Melting Performance of a Single-Screw Extruder, Polym. Eng. Sci, 25, pp. 412-418 (1985).

[MAD 59]   B.H. Maddock, A Visual Analysis of Flow and Mixing in Extruder, Soc. Plast. Engs. J., 15, pp. 383-394 (1959).

[MAI 59]   C. Maillefer, Swiss Patent, 363,149 (1959).

[McK 62]   J.M. Mckelvey, Polymer Processing, John Wiley & Sons, New York (1962)

[MEN 67]   G. Menges, P. Klenk, Kunststoffe-Ger. Plast., 57, 590 (1967)

[MIC 14]   Michelangelli, O. P., Gaspar-Cunha, A., & Covas, J. A. (2014). The influence of pellet-barrel friction on the granular transport in a single screw extruder. Powder Technology, 264(9), 401–408.

[MIT 80]   A.R. Mitchell, D.F. Griffiths, The Finite Difference Method in Partial Differential Equations, John Wiley & Sons, Chichester (1980).

[NED 82]   R.M. Nedderman, S.B. Savage, U. Tuzun, G.T. Houlsby, Flow of granular materials. Part 1: discharge rates from hoppers:

review, Chem. Eng. Sci., 37, 112, 1597 (1982)

[O'BR 92] K. O'Brian, Computer Modelling for Extrusion and Other Continuous Polymer Processes, Carl Hanser Verlag, Munich (1992).

[PIN 70] G. Pinto, Z. Tadmor, Mixing and Residence Time Distribution in Melt Screw Extruders, Polym. Eng. Sci., 10, pp. 279-288 (1970).

[PIT 82] J.F.T. Pittman, G.L. Pittman; Polymer Ext. III-PRI Conference, 19 (1982)

[POT 85] H. Potente, Methods of Calculating Grooved Extruder Feed Sections, Kunststoffe Germ. Plast., 75, pp. 439-441 (1985).

[POT 88] H. Potente, The Forced Feed Extruder Must be Reconsidered, Kunststoffe Germ. Plast., 78, pp. 355-363 (1988).

[POT 89] H. Potente, M. Koch, New Aspects in the Design of Extruders with a Forced Feeding Section, Int. Polym. Process., 4, pp. 208-218 (1989).

[RAUT 82a] R. Rautenbach, H. Peiffer, Model Calculation for the Design of the Grooved, Feed Section of Single-Screw Extruders, Kunststoffe Germ. Plast., 72, pp. 137-143 (1982).

[RAUT 82b] R. Rautenbach, H. Peiffer, Throughput and Torque Characteristics of Grooved Feed Sections in Single-Screw Extruders, Kunststoffe Germ. Plast., 72, pp. 262-266 (1982).

[RAU 86] C. Rauwendaal, Polymer Extrusion, Hanser Publishers, Munich (1986)

[SHA 88] P.A. Shamlou, Handling of Bulk Solids, Butterworth & Co. (1988)

[STE 95] M.J. Stevens, J.A. Covas, Extruder Principles and Operation, 2nd ed., Chapman & Hall, London (1995).

[TAD 67] Z. Tadmor, I.J. Duvdevani, I. Klein, Melting in Plasticating Extruders - Theory and Experiments, Polym. Eng. Sci., 7, pp.198- 217 (1967).

[TAD 70] Z. Tadmor, I. Klein, Engineering Principles of Plasticating Extrusion, Van Nostrand Reinhold, New York (1970).

[TAD 72] Z. Tadmor, E. Broyer, Solids Conveying in Screw Extruders – Part II: Non Isothermal Model, Polym. Eng. Sci., 12, pp. 378-386 (1972).

[TAD 06] Z. Tadmor, C.C. Gogos, Principles of Polymer Processing, 2nd

Edition, Wiley-Interscience, New Jersey (2006)

[WAL 66]   D.M. Walker, An Approximate Theory for Pressures and Arching in Hoppers, Chem. Eng. Sci., 21, pp. 975-997 (1966).

[WHI 90]   J.L. White, Twin Screw Extrusion; Technology and Principles, Hanser, Munich (1990).

[ZIE 83]   O.C. Zienkiewicz, K. Morgan, Finite Elements and Approximation, John Wiley & Sons, New York (1983).

SOBRE O AUTOR

Antonio Gaspar Cunha (http://www.dep.uminho.pt/agc/): nasceu em Barcelos em Agosto de 1964, tendo-se licenciado na Escola de Engenharia Universidade do Minho em 1991. Desde esse ano é docente do Departamento de Engenharia de Polímeros nessa mesma Universidade, onde fez o Doutoramento em Fevereiro de 2000 e as Provas de Agregação em Maio de 2014.

As principais áreas de actividade científica são modelação de processos de extrusão e optimização multiobjectivo. Os interesses de investigação incluem: modelação de processos de extrusão, optimização e design de extrusoras, optimização do processo de injecção, modelação da mistura no processamento de polímeros, modelação do fluxo de sólidos na extrusão usando o método de elementos discretos, análise de robustez das soluções em ambiente multiobjectivo, tomada de decisão na selecção de soluções em problemas multiobjectivo. Foi editor de vários livros, autor e/ou co-autor de cerca de cerca de duas dezenas capítulos de livro, de cerca de cinco dezenas de artigos científicos com revisão pelos pares e de mais de uma centena de artigos publicados em conferências internacionais.

Dedica-se, também, à literatura. Neste âmbito publicou em 2014 um livro de poesia, "Amo a Ideia se Ti" com o pseudónimo de João Raphaël, e um livro de contos "O Triunfo do Cucos & Outros Contos" com o seu nome. No âmbito das comemorações do 25 de Abril de 2015 publicou um conto sobre o tema intitulado "Lágrimas Mil". Em 2015 publicou o segundo livro de poesia, "Tormentosa Serenidade", editado pela Versbrava. Alguns dos seus textos literários poderão ser lidos numa página criada para o efeito:

(https://www.facebook.com/Antonio.Gaspar.Cunha.Escritor).